"十四五"物流专业职业教育改革系列规划教材

超市物流

（第2版）

张雪明　王雅雅　主　编

中国财富出版社有限公司

图书在版编目（CIP）数据

超市物流／张雪明，王雅雅主编．—2 版．—北京：中国财富出版社有限公司，2022.4（2024.1 重印）

（“十四五”物流专业职业教育改革系列规划教材）

ISBN 978－7－5047－7097－4

Ⅰ．①超…　Ⅱ．①张…　②王…　Ⅲ．①超市－物流管理－职业教育－教材　Ⅳ．①F717.6

中国版本图书馆 CIP 数据核字（2022）第 057166 号

策划编辑	黄正丽	**责任编辑**	白　昕　赵晓微	**版权编辑**	李　洋
责任印制	尚立业	**责任校对**	杨小静	**责任发行**	敬　东

出版发行	中国财富出版社有限公司		
社　　址	北京市丰台区南四环西路 188 号 5 区 20 楼	**邮政编码**	100070
电　　话	010－52227588 转 2098（发行部）		010－52227588 转 321（总编室）
	010－52227566（24 小时读者服务）		010－52227588 转 305（质检部）
网　　址	http://www.cfpress.com.cn	**排　　版**	宝蕾元
经　　销	新华书店	**印　　刷**	北京九州迅驰传媒文化有限公司
书　　号	ISBN 978－7－5047－7097－4/F·3408		
开　　本	787mm×1092mm　1/16	**版　　次**	2022 年 4 月第 2 版
印　　张	9.5	**印　　次**	2024 年 1 月第 2 次印刷
字　　数	186 千字	**定　　价**	32.00 元

前言

超市作为一种零售业态，一直深受广大顾客的青睐。顾客希望在超市中能基本上一次性购得所需的商品，并且希望超市既保证商品质量又提供优质、方便的服务。这就要求超市必须进行物流管理模式创新，提高物流管理信息化水平，继承过去传统模式的优点，进而改革创新，降低物流成本，提高物流效率。因此，只有不断学习先进经验，提升管理水平，才能在激烈的市场竞争中立于不败之地。

近年来，随着零售业和电子商务平台的发展，整个零售格局也在发生着颠覆性变化。在线上购物冲击了实体零售商的同时，也促使传统零售业者做出转型，而更多的电子商务平台都陆续加入实体零售商的投资与合作中，线上线下融合的新零售时代来临。传统超市面对新零售及细分市场的冲击，也纷纷实现了升级。因此，我们本次的修订在第一版的基础上增加了线上超市管理和超市的发展趋势两项内容。

在本书的修订过程中，我们在原有的知识脉络基础上，融入了新零售的概念。本书内容主要包括超市开立准备、超市采购管理、超市上架管理、超市存货管理、超市退货管理、超市信息系统、线上超市管理、超市的发展趋势八个项目，涵盖了中职生进入职业学校后要掌握的与超市物流相关的内容。

本书内容翔实、图片精美、知识丰富、编排结构合理、逻辑严密，教学组织灵活、实施方便、评价简单。每个项目下的任务包括任务描述、任务目标、任务实施、任务评价及任务提升五个方面的内容。

授课建议学时为76学时，具体学时分配见下表。

项目	学时数	项目	学时数
项目一　超市开立准备	9	项目五　超市退货管理	10
项目二　超市采购管理	9	项目六　超市信息系统	9
项目三　超市上架管理	9	项目七　线上超市管理	10
项目四　超市存货管理	10	项目八　超市的发展趋势	10

本书由张雪明、王雅雅负责全书的统稿。编写分工如下：叶丽娜编写项目一；李

燕编写项目二；王雅雅编写项目三、项目四；董玉状编写项目五；杨格格编写项目六；彭丽霞编写项目七；朱晨涛编写项目八。编写过程中，得到了部分物流企业的大力支持，在此一并表示衷心的感谢。同时，还参考了大量的文献资料，在此向文献资料的作者致以诚挚的谢意。

由于编写时间及编者水平有限，书中难免有错误和不妥之处，恳请广大读者批评指正。

编　者

2021 年 7 月

目　录

项目一　超市开立准备

项目教学目标

1. 掌握超市选址的影响因素。
2. 掌握超市选址原则及方法。
3. 掌握超市卖场布局设计。
4. 掌握超市定位的策略。
5. 掌握超市形象定位和招牌设计要素。

任务一　调研选址

任务描述

小王进行了综合市场分析，与家人沟通后决定开辟新的投资渠道，选择加盟“好便利”超市，并与该超市总部签订了加盟协议，接下来小王及其家人需要选择一个合适的位置开立门店。其父母将此任务交给小王后，小王便积极地投入超市选址的工作。

任务目标

1. 掌握超市选址的影响因素。
2. 掌握超市选址原则及方法。

任务实施

知识准备

超市的选址是超市扩张的基础，也是超市能够盈利的基础，直接关系到超市能够达到的营业目标。

1. 超市选址的基本原则

（1）经济前景

超市选址关系到店面经营的前景，要选择一个在周边地区具有竞争优势及商业发展潜力的地方，能够主动应对所在区域经济发展和周边环境变化带来的影响。

（2）交通方便

主要体现在方便配送及方便购买两个方面。

超市采用统一配送的方式，便利的交通有利于商品的有效配送，降低运输成本，减少配送时间。

超市选择交通便利、快捷的地方，能够方便顾客出入，如果是以食品和日用品为主要经营内容的小型超市，设在居民区内，更能有效满足顾客就近购买的需求，如现阶段快速发展的连锁便利店行业多在居民区内开店。

（3）经济效益

超市选址需要考虑店面位置的客流量大小、消费群体的收入、投资金额的大小、运行成本的高低以及经营特色，确定最终所具备的综合服务功能，获取最大的经济效益及社会效益。大型超市可选址在区域性的商业中心，小型超市可选址在居民集中的居民区内。

2. 超市选址应考虑的因素

（1）周边环境

周边环境状况的优劣直接影响超市经营效果，人口密度高的商业区域比灰尘较多、人员混杂、垃圾堆附近地区的经营效果必然优越很多。

（2）交通条件

交通是否方便对超市的经营有很大的影响，如人行道、街道是否有划分，货物运输是否方便，停车是否方便，道路的宽度是否合理等。

（3）竞争对手

超市周边的竞争对手数量是极其重要的因素，关系到超市周边市场覆盖面积及其市场份额的大小。

（4）商品因素

查看超市经营的商品是否能够满足周边居民购买需求，是否与竞争对手存在同质状况，必须设计特色商品或服务。

（5）人口情况

查看超市周边人口聚集程度，周边的人口越密集越好。设法了解周边的人口数量、人口结构、收入状况、消费水平及消费习惯等。

3. 超市选址时的商圈概念

所谓商圈，是指以超市所在地为中心，沿着一定距离和方向进行延伸而吸引顾客的辐射范围，也就是吸引顾客前来购物的有效范围。

根据顾客与中心距离的远近，商圈可分为主要商圈、次级商圈及边缘商圈。各级商圈对比如表 1－1 所示。

表 1－1　　各级商圈对比

项目 \ 商圈类别	主要商圈	次级商圈	边缘商圈
顾客数占比	55%～70%	15%～25%	5%～10%
市场占有率	30%以上	10%以上	5%以上
店面销售额占比	70%左右	25%左右	5%左右

商圈分析是指经营者根据商圈的范围、特点、构成以及可能引起商圈规模变化的实地调查资料，进行研究和分析划定，为超市选址提供科学依据。其分析的内容主要包括交通状况、人口规模及特征、竞争者及客流规律，以及经营者根据需要考虑周围建筑环境、停车场、能见度、顾客进出的方便性及地形的特点、城市规划等因素对经营的影响。根据分析内容，经营者综合考虑来做出最佳地点的选择。

小组活动安排

各小组按照确定加盟的连锁超市品牌协议，分析超市本身特色，结合所学习的专业知识，在选定的目标城市里合理选址，并将结果制作成 PPT 进行汇报。具体执行步骤如下。

步骤一：下载当地地图，并实地调研，确定当地主要商圈。

步骤二：针对每个商圈进行分析，内容包括商圈覆盖范围分析、商圈周边居住环境分析、商圈周边居住人口分析、商圈周边竞争者及客流量分析、商圈周边经营成本（租金）分析等。

步骤三：根据确定的商圈按照选址的原则及方法选定 1～3 个目标地址。

步骤四：根据选定的目标地址进行分析，填写表1－2，进行分析对比。

表1－2　超市选址对比

目标 分析内容	选项一	选项二	选项三
地址			
交通状况			
周边5公里人口数量			
周边10公里人口数量			
是否有停车场			
竞争对手			
租金			
政策优势			
其他			

步骤五：根据对比的结果，选定最合适的地址作为超市开立的地点。

任务评价

评价分为两部分进行，第一部分为小组任务评分，第二部分为教师评分。

1. 小组任务评分

组长负责评价每个组员在实训过程中的表现，并根据如下标准进行评分，满分40分。

（1）态度：用心完成小组任务并能提出疑问；积极参与小组讨论，并主动阐述个人观点。

（2）协助：能积极帮助组内成员解决问题，与小组成员一起分享资源、观点，分担任务。

（3）沟通：认真聆听其他成员的观点，并与他们进行沟通，然后提出自己的观点。

（4）仪表：语言表达清晰、仪态自然。

（5）展示：愿意代表小组发言，能全面、准确汇报小组共同的学习成果。

评价表如表1－3所示。

表 1－3　小组任务评价表

组别：　　　　　　　　　　　　　　　　　　组长：

小组成员	态度（5 分）	协助（10 分）	沟通（5 分）	仪表（10 分）	展示（10 分）

2. 教师评分

教师负责根据每组的任务完成情况进行量化评分，总分值为 60 分。详细评分标准如表 1－4 所示。

表 1－4　教师评价表

组别：

序号	评价标准	分数
1	能在规定时间内，小组合作完成工作任务并顺利展示成果，观点新颖完整，内容逻辑性强	50～60 分
2	能在规定时间内，小组合作完成工作任务，能进行成果展示，观点阐述清晰，表达清楚	40～49 分
3	能在教师或其他小组的帮助下完成工作任务并进行阐述	0～39 分

任务提升

家乐福选址

家乐福 1960 年在法国创建，现已成为欧洲最大、全球第二的零售商，家乐福有六个产业形态，其中大卖场、超市、折扣店、便利店四种形态处于领先地位。家乐福 52% 的销售额来自法国本土之外，90% 以上的商品当地化，是国际化的零售商。1989 年家乐福在中国台湾开店，取得非常成功的业绩后，把中国台湾开店的精英人士派到中国大陆市场，1995 年正式进入中国大陆并成为中国当时最大的外资零售商。家乐福通过空投一位“光杆司令”、仔细研究目标区域、紧盯竞争对手和本土化应变四方面，迅速抢占了中国市场。2018 年 7 月 19 日，《财富》世界 500 强排行榜发布，家乐福位列第 68。2019 年 6 月 23 日，中国 80% 的股份被苏宁易购以 48 亿元收购，苏宁易购成为家乐福中国的控股股东。

家乐福在进入中国大陆之前，家乐福会事先派一人进行市场调查，并招一位本地人做助理，根据中国人的生活形态，从零开始搭建一张无比庞大的采购网。

当时中国的交通不是非常发达，有车族仍属少数，顾客购物时间不宽裕，但购买频率高，家乐福结合地区的生活方式、消费水平、人口增长速度、都市化水平、居住条件合理选择供应商，并在选址方面考虑市区内繁华且交通方便的地带。

选择地点时遵循“不能超过8公里的商圈半径”原则，与周围环境融为一体，按照当地的民情民意开店，一般选在交通便利的路口开店，比如：开在商贸街十字路口处的独立店面、商业楼的地下一层等。

从运营管理的角度，选址决策取决于企业的类型，零售业的战略重点是利润最大化，其选址策略的目标就是使企业的选址收益最大化。为此应充分考虑地区文化差异，并接近市场、了解供应商和竞争对手。家乐福了解当地情况后，从当地组织、采购当地人熟悉的产品，与当地政府部门建立密切联系，并着手选择合适的供应商；家乐福还从竞争对手的销售情况、产品线组成等方面入手来考虑竞争对手，防止未来在潜在销售区域内受竞争对手的挤压。

家乐福选址的标准不仅关注成本问题，也把重点放在创新问题上，还考虑如下内容：拥有高质量和专业的资源；鼓励投资和允许与本土企业竞争的大环境；来自当地市场的压力和对当地市场的洞察力。

任务二　卖场布局

任务描述

超市开立完成后，为方便顾客的购买及便于经营者的管理，通常会对超市卖场进行布局设计。卖场的出入口、通道、收银台等的设计会直接影响顾客的购买意愿，为了给顾客带来最佳的购买体验，超市卖场的布局设计至关重要。

如何设计出入口？如何进行超市通道的设计？如何确定收银台的数量及布局？带着这些问题学习超市卖场的布局设计。

任务目标

1. 掌握超市出入口设计。

2. 掌握超市通道设计。

3. 掌握超市收银台数量配置。

任务实施

知识准备

1. 出入口设计

超市出入口设计的原则是既方便顾客出入，不造成阻塞、拥挤，又能高效地利用店铺面积。出入口的设计需要考虑店铺面积、客流量、商品特点、安全等因素，好的出入口设计能合理推动顾客从入口到出口有序地浏览全场，不留死角。

超市的出入口应根据顾客的行走路线，选择客流量大并与行人靠近的方向与位置，将出入口分开。入口设计在人流量大、交通方便的一边。在入口处放置购物篮及购物车，可选择按照 1 个（辆）/10 人或 3 个（辆）/10 人的标准进行配置，通常入口比出口宽。

出口处通道宽度应大于 1.5 米，出口处的收银台数量按照 500 ~ 600 人/时进行配置，并且可以在出口附近陈列口香糖、图书报刊、饼干、饮料等单价较低的商品供排队付款的顾客选购。

2. 通道设计

超市的通道是指顾客在卖场内购物时行走的路线，可设计成直线式通道或回转式通道。

直线式通道，以卖场入口为起点，以卖场出口的收银台为终点。顾客按照货架排列的方向单向购物，以商品不重复陈列、顾客不回头为前提，使顾客在最短的线路内完成商品购买，如图 1 - 1 所示，适用于经营面积大、商品较齐全的大中型卖场。

回转式通道即环形通道，布局时以流畅的圆形或椭圆形通道环绕整个卖场，可使顾客依次浏览、选购商品，主要适用于营业面积不大的中小型超市，如图 1 - 2 所示。

通道在设计时，需要遵循多个原则：通道要有足够的宽度；尽可能笔直，避免拐角；通道地面要平坦；通道照明要保证。具体的通道宽度参考值可参考表 1 - 5。

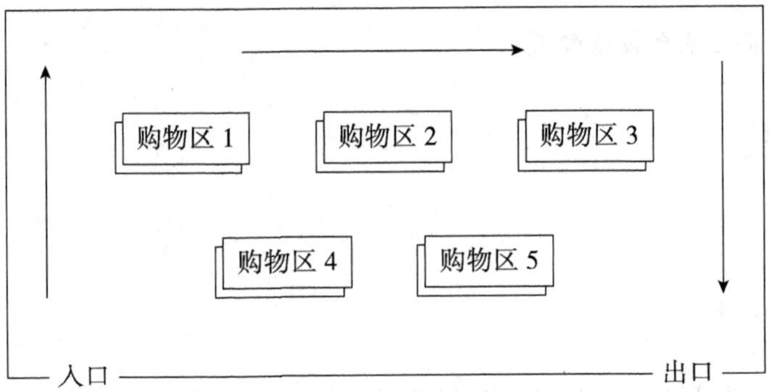

图 1－1　直线式通道

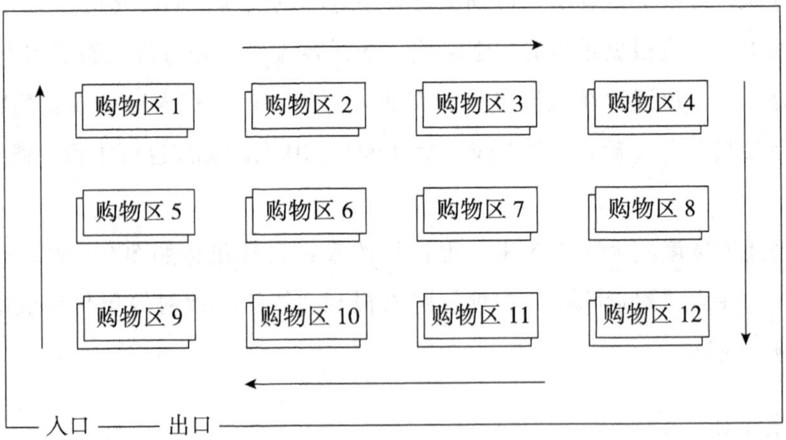

图 1－2　回转式通道

表 1－5　通道宽度参考值

单层营业面积（平方米）	主通道宽度（米）	副通道宽度（米）
300	1.8	1.3
1000	2.1	1.4
1500	2.7	1.5
2500	3.0	1.6
6000	4.0	3.0

3. 收银台数量配置

收银台的配置应该以满足顾客的快速结账为目的，顾客结账等待时间过长会使其产生烦躁情绪，通常顾客等待结账的时间不能超过 8 分钟。同时，收银台的配置要考虑结算高峰及低谷时段对收银员及收银台的数量要求。通常参考平方数配置收银台。高峰时段要保证每25平方米配置一台收银台，低谷时段以每40平方米配置一台收银台为宜。收银区布局效果如图1－3所示。

图1－3　收银区布局效果

小组活动安排

各小组根据选定的超市地址进行超市的相关内容设计，具体作业内容及要求如下。

步骤一：根据选定的超市地址进行超市出入口的设计，出入口的设计必须满足方便顾客进出等要求，并绘制出入口位置图，在图上标识出方向。

步骤二：根据选定的超市经营特色及营业面积设计超市通道，通道布局必须与出入口布置相协调，并绘制通道图，标识通道宽度。

步骤三：确定超市收银区面积及收银台数量。

步骤四：绘制超市平面布局图，平面布局图须标识尺寸及方向，必须包含出入口、通道信息及收银台数量等信息。

步骤五：将材料制作成PPT进行演示。

任务评价

评价分为两部分进行，第一部分为小组任务评分，第二部分为教师评分。

1. 小组任务评分

组长负责评价每个组员在实训过程中的表现，并根据如下标准进行评分，满分40分。

（1）态度：用心完成小组任务并能提出疑问；积极参与小组讨论，并主动阐述个人观点。

（2）协助：能积极帮助组内成员解决问题，与小组成员一起分享资源、观点，分担任务。

（3）沟通：认真聆听其他成员的观点，并与他们进行沟通，然后提出自己的观点。

（4）仪表：语言表达清晰、仪态自然。

（5）展示：愿意代表小组发言，能全面、准确汇报小组共同的学习成果。

评价表如表1－6所示。

表1－6　小组任务评价表

组别：　　　　组长：

小组成员	态度（5分）	协助（10分）	沟通（5分）	仪表（10分）	展示（10分）

2. 教师评分

教师负责根据每组的任务完成情况进行量化评分，总分值为60分。详细评分标准如表1－7所示。

表1－7　教师评价表

组别：

序号	评价标准	分数
1	能在规定时间内，小组合作完成工作任务并顺利展示成果，观点新颖完整，内容逻辑性强	50～60分
2	能在规定时间内，小组合作完成工作任务，能进行成果展示，观点阐述清晰，表达清楚	40～49分
3	能在教师或其他小组的帮助下完成工作任务并进行阐述	0～39分

⊕ 任务提升

超市销售相关数据

1. 超市的营业高峰

数据显示，超市一天有两个最繁忙的时段：上午和傍晚。每天 8：30 至 10：30，超市会迎来一天 20% 的顾客，其中近九成是中老年人。每天 18：00 至 20：00 则会迎来一天中的购物最高峰，50% 的顾客会选择这个时段进店购物，其中大部分是忙碌了一天的上班族。相对来说，每天 12：00 至 16：00 顾客最少，这 4 个小时的顾客加起来不到全天的 10%。

2. 超市中哪台收银机结账速度最快

超市购物，结账时很考验人的耐性。据家乐福提供的数据，两侧的收银台往往比中间的人流量小。而面对卖场，最右侧的收银台一天接待的顾客比最繁忙的收银台大约少 10%。急于结账的顾客，不妨去这些收银台试试。

3. 热门商品是什么

有关销售数据显示，超市销售的热门商品前十名分别为蔬菜、水果、肉类产品、鱼类产品、饮料、零食、日化用品、服装、卫生用品、食用油。

4. 最忙碌岗位：收银员

超市收银员一直是最繁忙的岗位。以家乐福为例，平均每个收银岗位每天接待顾客约 450 位，遇到国庆节、春节等节假日，日平均接待顾客最高可接近 1000 位。

5. 最易被遗忘的角落：超市储物柜

一个小小的方格，可以保存顾客在进店购物前存放的随身物品，可是很多粗心的顾客会在离开时忘记取出。据家乐福等几家大型连锁超市统计，每天约有 20% 的储物柜会在当天被忘记开启，约有 8% 的储物柜内寄存的物品超过一周无人理会。

任务三　超市定位

任务描述

随着市场竞争不断激烈，超市的竞争也变成多元化的竞争，不仅体现在价格、质量和品牌上，而且精准确定超市的定位并建立一个独具魅力的超市形象可以帮助其提升知名度，进而提高超市的销售业绩。

超市的定位策略有哪些？形象设计包含哪些内容？如何设计超市形象使顾客对其认可？带着这些问题进入本任务的学习。

任务目标

1. 掌握超市的定位策略。
2. 掌握形象设计的含义及构成要素。
3. 掌握超市的招牌设计。

任务实施

知识准备

超市定位其实是要在预期顾客的头脑中给超市建立一个形象，确保超市能够在预期顾客头脑中占据一个具有价值的地位。超市定位能够使超市经营人员有效划分市场，确定超市经营的目标，并有策略地投入资金赢得竞争。

1. 超市的分类

根据规模大小，超市可以分为大型、中型和小型三类，具体对比如表 1－8 所示。

表 1－8　大型、中型、小型超市的对比

超市类型	销售方式	经营商品种类	营业面积
大型超市	采用自我服务和集中式一次性付款方式	以食品、百货为主，商品达上万种	5000 平方米以上，并配备供顾客使用的大面积停车场

续　表

超市类型	销售方式	经营商品种类	营业面积
中型超市	采用自我服务和集中式一次性付款方式	以食品、日用品为主	1000～5000 平方米，一般配有停车场
小型超市		以食品为主，主要有水果、卫生用品、速冻食品和营养品等	200～1000 平方米，地理位置靠近居民区，一般没有停车场

2. 超市的定位策略

（1）消费群体定位

将消费群体作为定位的目标之后，主要从消费群体的消费习惯、爱好、对价格的敏感度出发，对超市进行定位。

不同的消费群体对超市的关注点不同。年轻的消费群体，他们更关注购物的体验感和新鲜感，此类型的超市应更注重时尚，布置得更新颖。而中老年人这一消费群体，他们更关注商品的价格，更喜欢物美价廉的商品，此类型的超市应更注重促销活动的开展和日用品的销售。

（2）商品类别定位

超市所经营的商品类别不同，超市的定位也不同。如生鲜超市，更注重商品的新鲜度和时效性，满足顾客对生鲜商品的需求；而水果超市，更注重不同种类的水果供应，满足顾客对水果的需求。

（3）价格策略定位

实惠是超市经营不变的“形象”。所以超市商品的价格策略，是影响超市经营的一个重要因素。利润不同的商品同时进行销售，能够平衡超市的销售业绩。利润高的商品能够促进超市的盈利，而利润低的商品能够吸引顾客，起到引流的作用。

（4）服务理念定位

服务是除了价格留住顾客的最好方式之一。超市应从顾客需求出发，打造轻松舒适的购物环境，增加停车场、休息空间等区域，让顾客爱上购物并愿意过来购物。

3. 超市形象定位

企业形象通常体现为企业识别系统（CIS），即大众对一个企业的总体印象和综合评价。包括理念识别系统、行为识别系统、视觉识别系统。

（1）理念识别系统

理念识别系统也被称作理念一体化系统，即通过企业经营理念的定位来展示企业宗旨、企业精神、经营方向、经营思想、经营风格、道德准则、价值取向等内容，并经过广泛传播取得社会普遍认同的系统。理念识别系统是企业形象的核心，也是企业得以长期发展的基础和原始动力。

（2）行为识别系统

行为识别系统又被叫作行为一体化系统，即在经营理念的指导下，对企业以及员工行为的标准化及规范化的统一管理，以形成统一的企业独特形象的设计系统。行为识别是企业形象的基本内容，在确定了行为标准后，才能实现超市的经营理念和价值观，行为识别系统是建立整个企业识别系统的关键。

（3）视觉识别系统

视觉识别系统即视觉一体化系统，即在经营理念的支配下，运用系统化的视觉识别符号来表达企业独特形象的设计系统。视觉识别系统是理念识别系统的具体化、形象化展示，并具有鲜明的个性，能准确形象地向公众传递企业的经营理念和经营信息，在顾客心目中树立起直观的企业形象。

视觉识别系统包括基本要素及应用要素两个方面。

基本要素主要有企业名称、企业标志等。

应用要素主要包括企业服饰、企业包装材料、企业证件、产品外观、建筑风格、企业车辆装饰等，即企业风格统一的相关物品。

超市的形象设计与企业形象设计要求相同，另外，更为重要的是超市需要设计超市招牌。超市的招牌即在超市店铺前设置的标牌、匾额或指示牌等，突出超市个性。超市的招牌设计需要考虑如下因素。

①招牌的内容。

招牌的内容主要包括店名和店标。

店名即店铺名称，设计一个合适的店名对超市的发展至关重要。店名的选择要与行业协调，体现一定的文化内涵，有自己的显著特点，还要容易记忆。因此，经营者在给超市命名时就要力求言简意赅，独特醒目，朗朗上口，并充分考虑未来的经营战略，命名时可用多种形式进行。如家乐福（Carrefour）的法文意思就是“十字路口”，7－11 便利店是以营业时间来命名的，好德便利店则采用了“好的”的谐音。

店标是店面标识的图形记号，可以用文字的变形体现，也可以是文字加图形，便于同其他店铺区别开来。

②招牌的文字设计与色彩。

经营者在设计招牌文字时，应注意店名的字形、色彩、位置应相互协调；内容简单，立意深刻，容易记忆，与超市经营的特性相匹配；字迹设计要大众化，容易辨认，切忌使用生僻字。

文字确定完毕后，需要进行色彩搭配。色彩搭配时颜色要协调，具有较强的吸引力，达到吸引顾客注意力，使其产生兴趣和偏爱的目的，可将招牌设计成具有亲切、和谐、鲜明、舒适的视觉冲击效果的样式，给人们留下深刻印象，激发购买欲望，对店铺形成认知和偏爱。

③招牌的材料。

超市在选择制作招牌的材料时，既要考虑时代变化，也要考虑材料耐用、耐污染的特性及质感，同时招牌应该方便清洗。

招牌材料通常根据店铺周边的建筑特点及环境进行选择，选择的材料包括水泥、瓷砖、大理石、不锈钢、铝合金等，招牌上的文字部分可选择塑料、钢材等。不同的材料均有其优缺点，要结合实际情况进行选择。如铝合金材料凸显明亮、轻快的感觉，大理石则显得庄重、高贵。

④招牌的安装位置。

招牌的安装位置与距离、视线有关，通常眼睛与地面的垂直距离在 1.5 米左右，与视线夹角成 25 ~ 30 度的范围即是人的视觉最佳区域，此位置安装招牌效果最佳。超市的招牌安装方式有以下几种。

a. 横置屋顶型：在店铺顶部横向设立长条形招牌，如图 1 - 4 所示。

图 1 - 4　横置屋顶型招牌

b. 壁面型：在店铺外墙一侧设立长条形招牌，如图 1 –5 所示。

c. 广告塔：在建筑外围设置广告塔，安装柱形招牌，如图 1 –6 所示。

图 1 –5　壁面型招牌

图 1 –6　广告塔招牌

招牌位置与视觉距离、文字大小也有密切关系，具体关系如表 1 –9 所示。

表 1 –9　招牌位置与视觉距离、文字大小关系

招牌位置	视觉距离	文字大小
一楼（4 米以下）	20 米以内	高 8 厘米左右
一楼（4 ~ 10 米）	50 米以内	高 20 厘米左右
楼顶（10 米以上）	500 米以内	高 1 米左右

小组活动安排

各小组选定超市后，自行确定超市定位，进行超市名称及招牌的设计。各步骤及要求如下。

步骤一：设计超市名称，并说明超市名称设计的理由，要求超市名称言简意赅、容易记忆，并与行业特性相吻合。

步骤二：根据设计完成的超市名称制作超市招牌，要求说明招牌的材料及设计效果，并阐述选择该材料的理由及其设计理念，以及此种设计展现的内涵。

步骤三：将设计的内容及依据制作成 PPT 进行展示。

任务评价

评价分为两部分进行，第一部分为小组任务评分，第二部分为教师评分。

1. 小组任务评分

组长负责评价每个组员在实训过程中的表现，并根据如下标准进行评分，满分 40 分。

（1）态度：用心完成小组任务并能提出疑问；积极参与小组讨论，并主动阐述个人观点。

（2）协助：能积极帮助组内成员解决问题，与小组成员一起分享资源、观点，分担任务。

（3）沟通：认真聆听其他成员观点，并与他们进行沟通，然后提出自己的观点。

（4）仪表：语言表达清晰、仪态自然。

（5）展示：愿意代表小组发言，能全面、准确汇报小组共同的学习成果。

评价表如表 1－10 所示。

表 1－10　　**小组任务评价表**

组别：　　　　组长：

小组成员	态度（5 分）	协助（10 分）	沟通（5 分）	仪表（10 分）	展示（10 分）

2. 教师评分

教师负责根据每组的任务完成情况进行量化评分，总分值为60分。详细评分标准如表1－11所示。

表1－11 **教师评价表**

组别：

序号	评价标准	分数
1	能在规定时间内，小组合作完成工作任务并顺利展示成果，观点新颖完整，内容逻辑性强	50～60分
2	能在规定时间内，小组合作完成工作任务，能进行成果展示，观点阐述清晰，表达清楚	40～49分
3	能在教师或其他小组的帮助下完成工作任务并进行阐述	0～39分

⊕ 任务提升

超市商标设计案例

——江西吉水易初东方

该超市的Logo（标识）创意采用具有中国传统吉祥之意的“祥云”图案。造型飘逸上升的黄色祥云寓意超市充满生机与活力、积极向上、不断发展、追求理想并且创造更大的辉煌与奇迹。

绿色的圆角方块代表现代化的生活观念，同时也体现了对健康和生命力的追求，寓意超市在宏伟的市场经济体制下有强大的生命力。同时也表达了超市对商品的严格要求，让顾客体会到超市的商品具有健康、环保、安全、高质量、高享受的价值。

整个标识简洁、醒目、具有亲和力，引人联想，易记忆，易传达。超市的标识、宣传材料、名片、价签及服装分别如图1－7、图1－8、图1－9、图1－10所示。

图 1－7　超市标识

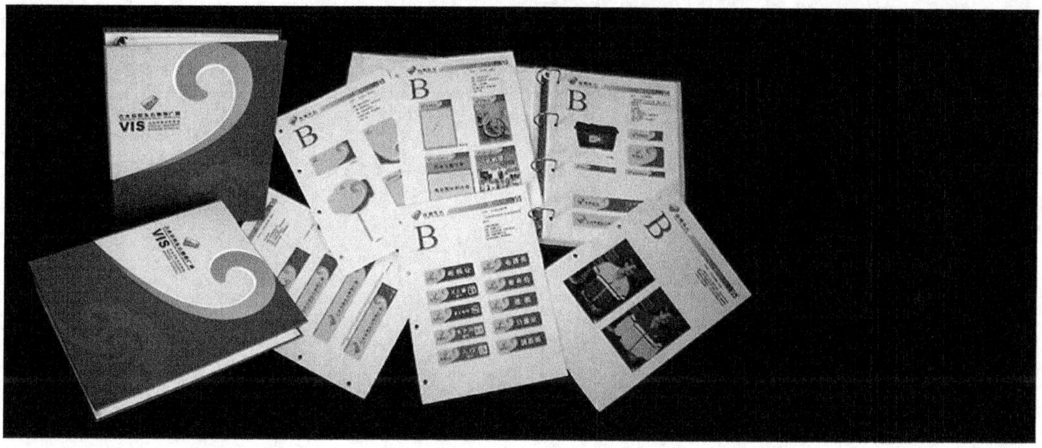

图 1－8　超市宣传材料

图 1－9　超市名片

图 1-10　超市价签及服装

项目二　超市采购管理

项目教学目标

1. 掌握商品采购的含义及业务流程。
2. 掌握供应商选择和采购合同管理的方法。
3. 掌握定量订货策略和定期订货策略的概念。
4. 掌握经济订货批量的概念。
5. 能够区分定量订货策略和定期订货策略。

任务一　采购计划编制

任务描述

超市经营过程中依靠商品的买卖保证收益，超市需要尽最大可能争取采购价格的优惠，才能保证在平价销售过程中尽可能地取得最大的利润，并且在采购工作进行中，还需要尽可能地减少采购供应环节，减少流通成本以及商品损耗。作为一家超市的经营者，需要着重关注超市采购工作，采购工作的优劣直接影响超市的经营成本。

所以本任务重点学习商品采购计划如何编制。

任务目标

1. 掌握商品采购的含义。
2. 掌握采购计划的作用。
3. 掌握采购计划的分类。
4. 掌握编制采购计划的流程。
5. 掌握采购计划的内容。

任务实施

知识准备

1. 商品采购含义

商品采购是指企业或组织为了保证销售需要，通过等价交换的方式取得商品资源的一系列活动过程，过程包含确定采购要求、寻找货源、寻找供应商、遴选供应商、签订采购合同、督促供应商的合同执行及处理合同纠纷等活动。

2. 采购计划的作用

（1）预估商品数量、交货时间，避免出现断货的现象。

（2）避免超市库存过多，占用大量库存面积。

（3）保证超市商品销售的正常运行。

（4）采购计划能够帮助超市进行财务管理和分析。

（5）采购计划是商品采购工作的重要依据。

3. 采购计划的分类

采购计划根据计划期限不同，可以分为年度采购计划、季度采购计划、月度采购计划、周采购计划和日常经营需求计划。

（1）年度采购计划

年度采购计划是根据超市年度经营计划，在对一年中商品销售情况进行调查分析的基础上，根据历史销售数据确定下一年的采购计划。

（2）季度采购计划

季度采购计划是在年度采购计划的基础上，根据季节不同造成各类商品需求不同的情况，从而确定每个季度的采购计划。

（3）月度采购计划

月度采购计划是在季度采购计划的基础上，依据上一个月商品的实际采购情况、库存情况以及下一个月商品的需求预测和市场行情确定的采购计划。

（4）周采购计划

周采购计划是在月度采购计划的基础上，依据一周内超市各类商品销售情况及需求汇总表，确定下一周的商品采购计划。

（5）日常经营需求计划

日常经营需求计划，没有特定的时间要求，根据超市各类商品的日常销售情况和需求预测情况，从而确定的采购计划。

4. 编制采购计划的流程

（1）明确销售计划

明确销售计划需要结合各类商品历史销售情况和数据汇总表。商品历史销售情况能够帮助我们确定采购计划中各类商品的需求量。明确销售计划的步骤分为以下三步。

①根据各类商品历史销售情况，统计出需要采购的商品种类和型号。

②根据销售情况的统计数据，结合库存量，确定出各类商品所需的采购量。

③结合销售情况和库存量，对各类商品的销售期限进行预测，从而确定商品的采购日期和到货日期。

明确销售计划主要是明确各类商品的种类、质量标准、数量和规格型号等，这些也是采购计划中应包含的内容。

（2）制订采购计划

①根据销售计划，确定详细的采购商品资料。

②根据采购商品资料，做出采购预算。

③向上级领导征求对采购商品和采购预算的意见。

④最终将采购计划交由领导审批并执行。

（3）后续跟踪

采购计划实施的过程中和计划完成后，采购部门的人员都要进行实时跟踪，避免出现采购数量不足、采购商品规格型号有偏差的情况。一旦出现问题，及时更正采购计划并通知相关部门，总结出错问题为之后编制采购计划提供经验。

5. 采购计划包含的内容

（1）商品资料：商品的名称、质量标准、数量、规格型号等要素。

（2）资金预算：商品的单价、总金额、付款时间、付款方式等要素。

（3）商品储存要求：商品储存要求需要在计划中写清楚，因不了解商品储存要求而造成的损失，会损害超市经营利益。

（4）时间：主要是采购时间和到货时间。依据采购时间和到货时间的计划督促供应商及时发货，方便超市的仓储部门能够有效地协调库存空间。

小组活动安排

各小组模拟成一个超市的采购部门，针对一家新开业的拥有自主采购权的超市进行采购进货作业，各小组按照商品采购业务流程编制采购计划。

步骤一：确立采购组织。

小组为采购部门，在部门内选定采购负责人，明确各小组成员的主要分工，明确销售计划、采购计划，以及各小组成员的岗位职责。

步骤二：明确销售计划。

小组讨论确定商品的种类、质量标准、数量和规格型号等。

步骤三：制订采购计划。

小组成员根据采购商品资料，做出采购预算交由总经理审批。

步骤四：后续跟踪。

小组成员都要进行实时跟踪，避免出现采购数量不足、采购商品规格型号有偏差的情况。

任务评价

评价分为两部分进行，第一部分为小组任务评分，第二部分为教师评分。

1. 小组任务评分

组长负责评价每个组员在实训过程中的表现，并根据如下标准进行评分，满分40分。

（1）态度：用心完成小组任务并能提出疑问；积极参与小组讨论，并主动阐述个人观点。

（2）协助：能积极帮助组内成员解决问题，与小组成员一起分享资源、观点，分担任务。

（3）沟通：认真聆听其他成员的观点，并与他们进行沟通，然后提出自己的观点。

（4）仪表：语言表达清晰、仪态自然。

（5）展示：愿意代表小组发言，能全面、准确汇报小组共同的学习成果。

评价表如表2－1所示。

表 2－1　　　　　　　　　　**小组任务评价表**

组别：　　　　　　　　　　　　　　　　组长：

小组成员	态度（5 分）	协助（10 分）	沟通（5 分）	仪表（10 分）	展示（10 分）

2. 教师评分

教师负责根据每组的任务完成情况进行量化评分，总分值为 60 分。详细评分标准如表 2－2 所示。

表 2－2　　　　　　　　　　**教师评价表**

组别：

序号	评价标准	分数
1	能在规定时间内，小组合作完成工作任务并顺利展示成果，观点新颖完整，内容逻辑性强	50～60 分
2	能在规定时间内，小组合作完成工作任务，能进行成果展示，观点阐述清晰，表达清楚	40～49 分
3	能在教师或其他小组的帮助下完成工作任务并进行阐述	0～39 分

任务提升

采购作业流程

商品采购需要经过建立采购组织、编制采购计划、确定采购方式、确定货源、评审商品及供应商、签订采购合同、付款及验收入库等程序。

（1）建立采购组织

对于小型超市，通常没有专门的采购部门和采购人员，经常出现一人同时进行采购及销售工作，虽然具有成本低的优点，但存在权责不清的情况。

超市到达一定规模后，均需要建立专门的采购组织，明确权责，安排专职采购人员，实现采购工作的专业化。

（2）编制采购计划

超市采购部门在执行采购作业时，需要对采购商品种类、采购数量、采购方式、采购时间等一系列问题进行分析判断，并依据上述内容制订采购计划，以便加强采购管理。采购计划通常需要按年度、月度销售情况来制订，并且在年度计划的基础上根据月度计划执行。

（3）确定采购方式

根据超市的经营特点确定采购方式，选择集中采购或分散采购，也可灵活选择集中采购与分散采购相结合的方式。

（4）确定货源

通常超市所用的货源来自公司自有品牌、公司外部固定供应商，或公司外部新供应商。如沃尔玛超市拥有自有品牌“惠宜”。

（5）评审商品及供应商

采购人员需要针对商品的规格、数量、质量和价格等方面考察商品信息，并且针对供应商的信誉、生产能力、供应能力、可提供的服务内容等方面考察供应商水平。

（6）签订采购合同

待上述所有程序完成后，确定合格的供应商后明确合适的商品价格、服务内容等条款，即可签订采购合同，明确双方的权利和义务。合同一经签订即具有法律效力，合同双方必须履行合同。

（7）付款

合同签订完成后，超市需要按照合同要求的付款方式、付款时间、付款金额等要求办理手续。对于大多数大型超市来说，通常使用计算机进行订单处理，定期统一进行账务处理。小型超市则由人工完成，员工填写对应单据。

（8）验收入库

采购的商品到达仓库后，对商品进行检验和验收工作，检验和验收工作需要仔细核对采购合同中对商品的质量、规格、生产日期、数量等要求。对合格的商品办理收货手续，及时入库；对不合格的商品则应及时与采购人员沟通，办理退换或索赔等业务。

任务二　供应商选择策略

任务描述

超市采购人员在每个商品的采购中接触了众多的供应商，并且形成了一定的供应商管理和考核办法。商品在更新换代的过程中，需要不断完善和充实供应商资源库，供应商的管理、合同的管理以及供应商的定期考核对采购部门提出了新的工作要求。

如何判断供应商是否合格？如何定期对供应商进行考核以及合同的管理？这些问题的处理是采购人员应考虑的。

任务目标

1. 掌握供应商开发准则及流程。
2. 掌握采购合同管理的方法。
3. 掌握供应商考核内容及方法。

任务实施

知识准备

1. 供应商开发

在大多数公司中，供应商开发的基本原则为“QCDS”原则，即质量（Quality）、成本（Cost）、交货期（Date）、服务（Service）并重原则，超市采购同样如此。

在供应商开发的流程中，首先要对特定的市场进行竞争分析，了解对应商品的市场领导者，各个供应商在市场中的份额，潜在进入者的情况。通常供应商开发流程如下。

①寻找潜在供应商。

②供应商考察。

③发出询价。

④报价分析。

⑤价格谈判。

⑥确定供应商。

2. 采购合同管理

（1）采购合同的内容

超市采购合同的条款构成采购合同的内容，采购合同应具备以下基本条款。

①商品的品种、规格和数量。

②商品的质量要求及包装方式。

③商品的价格和结算方式。

④交货期限、交货地点及运输或配送方式。

⑤商品验收要求及标准。

⑥违约责任的处理。

⑦合同的变更及解除条件。

⑧可根据实际状况商议的补充条款。

（2）采购合同的签订

签订采购合同时，应遵循的原则包括：合同当事人必须具有代表法人签订合同的资格；合同内容无违法事项；合同必须坚持平等互利、充分协商的原则；当事人不得以他人名义签订合同；采购合同须以书面形式体现。

（3）采购合同的管理

①超市应当建立合理的合同管理制度及采购管理制度，保证合同履行。

②采购部门须随时做好处理合同纠纷的准备并在发生纠纷时积极处理。

③合同双方应信守合同承诺。

3. 供应商管理机制

因超市经营商品繁杂，通常超市的供应商达到数百家，大型超市的供应商会达到上千家，必须建立完善的供应商管理机制，以保证超市销售业务活动的正常进行。具体做法包含以下内容。

（1）供应商分类及编号管理

根据销售商品类别针对对应的供应商进行分类，给每一个厂商一个编号，在分类管理的基础上赋予编号，便于信息化管理。

（2）供应商基本资料的建立

将每个供应商的基本资料进行完善，内容包括供应商名称、企业法人、地址、联系电话、注册资本、营业执照等信息，并统一入册管理，可根据需要用信息化手段进行管理，如建立供应商管理系统。

（3）供应商商品台账的建立

针对同一家供应商所提供的商品采购价格、销售价格、规格、数量、基础毛利等资料建立台账，为销售工作及管理工作提供依据，如有变动及时更新。

（4）各供应商销售数据的统计

统计每家供应商的阶段销售数据，包括销售量、销售金额、利润率等信息，可作为供应商评价的指标，也可作为与供应商进行价格、服务等谈判的依据。

（5）完善供应商评价体系

超市长期业务的积累，需要不断更新、完善供应商资源，对不符合公司要求的供应商应考虑替换，可考虑将供应商进行分类，优质供应商由主管亲自控制及跟踪。

在进行供应商评价体系的设计时，除参考销售数据以外，还可根据商品畅销程度、次品率、配送能力、价格优势、促销配合、退货服务、供应商发展预期等条件进行综合考量，并确定考核周期。

小组活动安排

各小组讨论，共同制定供应商评价体系，具体实施步骤及要求如下。

步骤一：小组讨论确定供应商评价体系的内容。评价内容包括商品质量、价格、供货能力、服务水平等。

步骤二：小组讨论确定各评价指标及对应得分，参考标准如表 2－3 所示。

表 2－3　　供应商评价表

评价项目	得分				
	A	B	C	D	得分
商品价格	比同行低（30 分）	与同行相同（15 分）	比同行略高（5 分）	比同行高很多（0 分）	
商品品质	优（20 分）	佳（15 分）	可（5 分）	差（0 分）	
促销配合	优（10 分）	佳（8 分）	可（5 分）	差（0 分）	
配送能力	准时（10 分）	偶有误差（8 分）	经常误差（2 分）	频繁误差（0 分）	

续 表

评价项目	得分				
	A	B	C	D	得分
畅销程度	非常畅销（15分）	畅销（10分）	普通（5分）	滞销（3分）	
退货服务	准时（15分）	偶有误差（8分）	经常误差（2分）	频繁误差（0分）	
总分					

步骤三：根据评价体系进行供应商评价，得出结果。

步骤四：将过程制作成 PPT 进行汇报。

任务评价

评价分为两部分进行，第一部分为小组任务评分，第二部分为教师评分。

1. 小组任务评分

组长负责评价每个组员在实训过程中的表现，并根据如下标准进行评分，满分40分。

（1）态度：用心完成小组任务并能提出疑问；积极参与小组讨论，并主动阐述个人观点。

（2）协助：能积极帮助组内成员解决问题，与小组成员一起分享资源、观点，分担任务。

（3）沟通：认真聆听其他成员的观点，并与他们进行沟通，然后提出自己的观点。

（4）仪表：语言表达清晰、仪态自然。

（5）展示：愿意代表小组发言，能全面、准确汇报小组共同的学习成果。

评价表如表 2－4 所示。

表 2－4　　小组任务评价表

组别：　　组长：

小组成员	态度（5分）	协助（10分）	沟通（5分）	仪表（10分）	展示（10分）

2. **教师评分**

教师负责根据每组的任务完成情况进行量化评分，总分值为60分。详细评分标准如表2-5所示。

表2-5　　教师评价表

组别：

序号	评价标准	分数
1	能在规定时间内，小组合作完成工作任务并顺利展示成果，观点新颖完整，内容逻辑性强	50~60分
2	能在规定时间内，小组合作完成工作任务，能进行成果展示，观点阐述清晰，表达清楚	40~49分
3	能在教师或其他小组的帮助下完成工作任务并进行阐述	0~39分

⊕ 任务提升

供应商管理库存（VMI）

所谓VMI（Vendor Managed Inventory）是一种以用户和供应商双方花费最低成本为目的，在一个共同的协议下由供应商管理库存，并不断监督协议执行情况和修正协议内容，使库存管理得到持续改进的合作性策略。这种库存管理策略打破了传统的各自为政的库存管理模式。体现了供应链的集成化管理思想，适应了市场变化的要求，是一种新的、有代表性的库存管理思想。目前VMI在分销链中的作用十分重要，因此被越来越多的人重视。

对于VMI，因为有最低与最高库存点，按时交货可通过相对库存水平来衡量。例如库存为零，风险很高；库存低于最低点，风险相当高；库存高于最高点，断货风险很小但过期库存风险升高。这样，统计上述各种情况可以衡量供应商的交货表现。根据未来物料需求和供应商的供货计划，还可以预测库存点在未来的走势。

VMI管理模式从QR（Quick Response，快速响应）和ECR（Efficient Customer Response，有效客户响应）基础上发展而来，其核心思想是供应商通过共享用户的当前库存和实际耗用数据，按照实际的消耗模型、消耗趋势和补货策略进行有实际根据的补货。由此，交易双方都变革了传统的独立预测模式，尽最大可能地减少由独立预测的不确定性导致的商流、物流和信息流的浪费，降低了供应链的总成本。

VMI 的特点有以下三点。

（1）信息共享

零售商帮助供应商更有效地做出计划，供应商从零售商处获得销售数据并使用该数据来协调其生产、库存活动及零售商的实际销售活动。

（2）供应商拥有库存

供应商完全拥有库存，直到零售商将其售出为止，但是零售商对库存有看管义务，并对库存物品的损伤或损坏负责。实施 VMI 有很多优点。首先，供应商拥有库存，对于零售商来说，可以省去多余的订货部门，使人工任务自动化，可以从过程中去除不必要的控制步骤，使库存成本更低，服务水平更高。其次，供应商拥有库存，供应商会对库存考虑更多，并尽可能进行更为有效的管理，通过协调零售生产与配送，进一步降低总成本。

（3）需求准确预测

供应商能按照销售时点的数据，对需求做出预测，能更准确地确定订货批量，减少预测的不确定性，从而减少安全库存量，库存与供货成本更低，同时，供应商能更快响应用户需求，提高服务水平，降低用户的库存水平。

任务三　商品订货策略

任务描述

制订好采购计划之后，小王决定订货的时候却遇到了问题。每次采购都要花费一次采购费用，如果采购批量越大，采购次数就会减少，采购成本也会下降，但库存成本又会增加，库存商品增加，流动资金减少。小王左右为难，难以抉择如何订货才能平衡商品的库存和采购成本之间的关系。

我们该如何帮助小王呢？

任务目标

1. 掌握定量订货策略的概念。
2. 掌握经济订货批量的概念。
3. 掌握定期订货策略的概念。
4. 能够区分定量订货策略和定期订货策略。

任务实施

知识准备

1. 定量订货策略

定量订货策略是指当商品降低到某一库存量时，就购进固定的批量，不考虑时间的间隔。

采用定量订货策略订货时，订货的数量是固定不变的，而订货周期和订货时间不固定。

在定量订货策略中，经济订货批量是最常用的订货策略。

经济订货批量（Economic Order Quantity，EOQ）是固定订货批量模型的一种，可以用来确定超市一次订货（外购或自制）的数量。当超市按照经济订货批量来订货时，可实现订货成本和库存成本之和最小化。在库存管理中必须作出的基本决定之一就是应该订多少货。正确的订货数量要使同发出订单的次数相关的成本与所发出订单的订货量相关的成本达到最好的平衡。当这两种成本达到平衡时，总成本最小。这时所得的订货量就叫作经济批量或经济订货批量（EOQ）。

EOQ 是存货控制与订货处理相结合使成本最低的订货批量，这种计算方式需要假设全年的需求总量和成本相对稳定以及其他严格的假设条件。例如以下条件。

（1）已知满足全部需求的数量。

（2）已知连续不变的需求速率。

（3）不变的补给完成周期时间。

（4）与订货数量和时间保持独立的商品的价格不变。

（5）不限制计划制订范围。

（6）没有在途存货。

（7）多种存货项目之间不存在交互作用。

经济订货批量的计算公式如下。

$$Q = \sqrt{\frac{2SD}{H}}$$

其中，S 为每批订货成本，D 为年度总需求，H 为每单位的年持有成本，Q 为经济订货批量。

最佳进货次数为：$\frac{D}{Q}$。

最佳进货周期为：$360 \times \frac{Q}{D}$。

2. 定期订货策略

定期订货策略是按事先确定的订货间隔周期进行订货，以补充库存的一种订货策略。

定期订货策略意味着在每次订货时，订货周期和订货时间是固定的，但订货数量是不确定的（见表2－6）。

表2－6　定量订货策略和定期订货策略的区别

区别点	定量订货策略	定期订货策略
订货时点	当库存量降到规定库存量即提出订货请求	按照事先确定的订货间隔周期，到点即提出订货请求
订货批量	每次订货的批量相同	每次订货的批量不固定
库存商品管理程度	对库存商品一般管理，不需要经常盘点	对库存商品严格控制，需要经常检查、详细盘点

小组活动安排

每班学生以小组为单位，对周边超市的采购时间、数量、种类进行调查，分析各超市采取的订货策略。

（1）了解周边有哪些超市。

（2）根据观察和记录，对超市的采购时间、数量、种类进行统计。

（3）根据比较的内容进行分析，阐述这些超市采取的订货策略。

（4）各小组将内容制作成PPT，并安排组员进行汇报。

任务评价

评价分为两部分进行，第一部分为小组任务评分，第二部分为教师评分。

1. 小组任务评分

组长负责评价每个组员在实训过程中的表现，并根据如下标准进行评分，满分

40 分。

（1）态度：用心完成小组任务并能提出疑问；积极参与小组讨论，并主动阐述个人观点。

（2）协助：能积极帮助组内成员解决问题，与小组成员一起分享资源、观点，分担任务。

（3）沟通：认真聆听其他成员的观点，并与他们进行沟通，然后提出自己的观点。

（4）仪表：语言表达清晰、仪态自然。

（5）展示：愿意代表小组发言，能全面、准确汇报小组共同的学习成果。

评价表如表 2－7 所示。

表 2－7　　**小组任务评价表**

组别：　　　　组长：

小组成员	态度（5 分）	协助（10 分）	沟通（5 分）	仪表（10 分）	展示（10 分）

2. 教师评分

教师负责根据每组的任务完成情况进行量化评分，总分值为 60 分。详细评分标准如表 2－8 所示。

表 2－8　　**教师评价表**

组别：

序号	评价标准	分数
1	能在规定时间内，小组合作完成工作任务并顺利展示成果，观点新颖完整，内容逻辑性强	50～60 分
2	能在规定时间内，小组合作完成工作任务，能进行成果展示，观点阐述清晰，表达清楚	40～49 分
3	能在教师或其他小组的帮助下完成工作任务并进行阐述	0～39 分

任务提升

超市生鲜产品的订货要求

生鲜产品的产量和品项受季节、天气与产地的影响较大，因此关于生鲜产品的订货作业是较难把握的工作。订货要做到“商品齐全，不能缺货”，又要保证“质量好，鲜度足”。超市生鲜部必须掌握各种生鲜产品的生产季节、产地、各种保鲜方法、鲜度判断方法、市场价格变化等影响生鲜产品订货的因素，这是订货管理中必须做好的工作。

生鲜区经营能力较强的超市一定会吸引过来很多顾客，它可以使超市在竞争中处于绝对有利的位置。生鲜经营务必重视生鲜产品的周转率，而高效的生鲜产品周转率又是建立在订货准确与补货勤快上的。因此在实现以“生鲜来抓住顾客”的前提下，生鲜产品补货的质量、数量以及生鲜产品订单的配送稳定度务必要求到位。

生鲜产品的订货必须考虑的因素如下。

(1) 库存天数、当日库存数量及生鲜产品库存空间（冷冻、冷藏库房）。

(2) 受天气、节假日影响，各种“旺日”下单情况。

(3) 季节性大宗产品。

(4) 日均销售量及生鲜产品的周转率。

(5) 生鲜产品基本的陈列面积和补货次数。

(6) 促销期及折扣期。

(7) 往年的销售记录。

(8) 健康、安全、卫生的生鲜产品质量标准。

(9) 购买习性和市场流行趋势。

项目三　超市上架管理

项目教学目标

1. 掌握商品陈列的原则和方法。
2. 掌握理货员的工作职责及工作内容。
3. 掌握补货作业内容及作业流程。
4. 掌握储位管理的概念及对象。
5. 掌握储位管理的原则及意义。
6. 掌握储位编码的要求及方法。

任务一　商品陈列

任务描述

超市卖场中，不同的陈列方式及规则会给顾客带来不同的购物体验。顾客进入超市时，经常会看到不同形式的堆头，展现商品创意，在一排排的货架上展示不同的商品。但不同的商品为何陈列的位置不同，此种陈列方式有何特点？如何合理地进行商品陈列来达到不同的销售目的？带着这些问题学习本任务相关内容。

任务目标

1. 掌握商品陈列的原则。
2. 掌握商品陈列的基本方法。
3. 了解商品陈列与销售额的关系。

任务实施

知识准备

商品陈列就是把具有促进销售机制的商品摆放到合理的地方，以达到创造更多销售机会及业绩的目的。

1. 商品陈列的原则

（1）安全性原则

要确保所有陈列的商品本身不存在质量问题，如禁止陈列即期商品、味道恶化商品、超期商品、包装破损商品；保证陈列商品放置到货架上的稳定性，保证商品不易掉落，并且合理选择装载器皿；保证现场的卫生状况。

（2）易见易取原则

易见，即让顾客容易看到商品，一般以水平视线下方20度点为中心的上下10～20度的范围为容易看见的部分；易取，就是要求商品容易被顾客触摸、拿取和挑选。在此原则下，货架的高度即为关键考虑因素，通常货架可分为三段，如表3－1所示。

表3－1　货架分段

位置	高度	陈列商品特性
中段	用手最容易拿到的高度 男性：70～160厘米；女性：60～150厘米	黄金位置，用于陈列主力商品或公司有意推广的商品
次上、下段	用手可以拿到的高度 次上段：男性：160～180厘米，女性：150～170厘米 次下段：男性：40～70厘米，女性：30～60厘米	陈列次主力商品，其中次下段需要顾客屈膝弯腰方可拿到商品，比次上段更为不利
上、下段	用手最不容易拿到的高度 上段：男性：180厘米以上，女性：170厘米以上 下段：男性：40厘米以下，女性：30厘米以下	一般用于陈列低毛利、补充性或体现重量的商品

（3）区分定位原则

区分定位原则是指每一类、每一项商品都必须有一个相对固定的陈列位置，商品位置一经确定后就很少改变，除非为了某种营销目的进行调整，为的是商品陈列标准化，以及方便顾客选购，在应用中应注意以下几点。

①相关商品货位布置临近，方便顾客相互比较，促进连带购买，如DVD（数字通用光盘）与影碟，调味品与肉制品等。

②相互影响大的商品货位适当隔开，如易串味食品，熟食与生鲜食品，化妆品与

烟酒、茶叶等。

③同类商品纵向陈列，即从上到下垂直陈列，使同类商品一同创造出在货架上各段位的销售利益。

④商品货位勤调整，要根据时间、商品流行周期的变化随时调整，通常仅适用于受季节变化影响大的商品及重大促销活动。

（4）前进梯状原则

前进陈列是要按照先进先出的原则补货，经过营业高峰期后，前面商品被买走，理货员须将后面的商品往外移，从后面补货，保证商品不过期积压。

梯状陈列是要陈列商品做到前低后高，呈阶梯状，使商品陈列既有立体感，又不会使顾客产生被压迫的感觉。

2. 商品陈列的基本方法

商品陈列的基本方法包括量感陈列和展示陈列。

（1）量感陈列

量感陈列一般强调商品陈列数量的多寡，现阶段更完善，除强调商品陈列数量的多寡外，更注重陈列的技巧，给人留有众多商品的视觉印象。例如需要陈列的商品是20件，但通过量感陈列能使顾客感觉不止20件。量感陈列能使顾客感觉到“实际很多”及“看起来很多”。

量感陈列一般适用于食品杂货，以种类丰富、价格低廉、易挑选等特点来吸引顾客。通常在应用过程中的方法很多，如使用店内吊篮、店内岛、店面敞开铺面、平面及整箱大量陈列等。其中平面及整箱大量陈列是中型超市常用的一种陈列手法，一般应用于低价促销、季节性促销、节庆促销、新品促销等活动及媒体大力宣传、顾客大量购买的商品等。

（2）展示陈列

展示陈列是指超市为特别推出的商品而采取的陈列方法，一般适用于百货和食品类商品，虽准备起来需要一定的陈列成本，但能吸引顾客的眼球，营造店铺气氛。常用在橱窗、陈列架、柜台及货架顶端等，展示陈列方法有很多，常见方法如表3－2所示。

表3-2　　展示陈列方法

名称	说明	注意事项
突出陈列	将商品放在篮子、车子或突出的位置，陈列在相关商品旁边，主要目的在于吸引顾客	(a) 高度适宜，既要引起顾客注意，又不能影响货架商品的正常销售效果 (b) 陈列内容不宜多，以免影响顾客正常购物活动 (c) 狭小的通道内不宜进行，合理设计避免影响通道顺畅
端头陈列	在货架的两端进行陈列	(a) 品项不宜多，一般不超过5个 (b) 品项之间有关联，无关联的商品不能陈列在同一端
岛型陈列	运用陈列柜、展示台等工具，在适当位置展示单品，强调季节感、新鲜感及丰富感	(a) 陈列工具应与商品特征相配合 (b) 陈列工具一般放置在卖场的前部和中部 (c) 陈列工具不宜过高，以免影响顾客的视线
悬挂陈列	用固定或可以转动的装有挂钩的陈列架，陈列缺乏立体感的商品	一般适用于日用小型商品，如剃须刀、电池、小五金等

超市重视商品陈列是希望增加对应的销售量，实现利益最大化，研究表明，商品陈列的方式对销售额的影响至关重要。

（1）陈列面积大小对销售额的影响

陈列面积越大，陈列的商品越多，越增加销售额；反之，则减少销售额。

实践证明，陈列面积减少一半，销售额减少48%；陈列面积减少三分之二，销售额减少68%；陈列面积增加一倍，销售额增加40%。在实际运作中，通常陈列面积的大小与其商品的市场占有率成正比。

（2）陈列高低对销售额的影响

实践证明在平视及伸手可及的高度上放置的商品售出概率为50%；头部以上及腰间高度放置的商品售出概率为30%；视线之外放置的商品售出可能性为20%。

（3）陈列时间对销售额的影响

店铺陈列促销的效果通常第一天为100%，第二天为90%，第三天为80%，第四天为60%，第五天为35%，第六天仅为30%，可见促销时保持一定的新鲜感是很有必要的。

小组活动安排

教师准备实训物品，供学生进行商品陈列实训。

步骤一：教师准备实训物品，包括20种商品（每种商品不低于5个）和实训用超市货架。

步骤二：各小组确认商品陈列原则及要求，进行商品陈列实训。

步骤三：商品陈列完成后，阐述商品陈列的理由，并绘制陈列效果图。

步骤四：将商品陈列理由的内容及效果图放到PPT中进行汇报。

任务评价

评价分为两部分进行，第一部分为小组任务评分，第二部分为教师评分。

1. 小组任务评分

组长负责评价每个组员在实训过程中的表现，并根据如下标准进行评分，满分40分。

（1）态度：用心完成小组任务并能提出疑问；积极参与小组讨论，并主动阐述个人观点。

（2）协助：能积极帮助组内成员解决问题，与小组成员一起分享资源、观点，分担任务。

（3）沟通：认真聆听其他成员的观点，并与他们进行沟通，然后提出自己的观点。

（4）仪表：语言表达清晰、仪态自然。

（5）展示：愿意代表小组发言，能全面、准确汇报小组共同的学习成果。

评价表如表3－3所示。

表3－3　小组任务评价表

组别：　　　　　　　　　　　　　　　　组长：

小组成员	态度（5分）	协助（10分）	沟通（5分）	仪表（10分）	展示（10分）

2. **教师评分**

教师负责根据每组的任务完成情况进行量化评分，总分值为60分。详细评分标准如表3－4所示。

表3－4　　　　教师评价表

组别：

序号	评价标准	分数
1	能在规定时间内，小组合作完成工作任务并顺利展示成果，观点新颖完整，内容逻辑性强	50～60分
2	能在规定时间内，小组合作完成工作任务，能进行成果展示，观点阐述清晰，表达清楚	40～49分
3	能在教师或其他小组的帮助下完成工作任务并进行阐述	0～39分

任务提升

超市商品陈列技巧

1. **按顾客购买习惯陈列**

超市商品种类繁多，商品陈列一般按顾客购买习惯来确定。长期的行为习惯让顾客在逛商店时通常沿逆时针方向购物。在许多超市中，根据男性顾客购买商品求近、求方便、不愿花长时间购物的心理要求，把日用品和男性用品摆放在入口处，或离收银口较近的地方；而针对女性顾客爱仔细挑选商品的特点，一些女性用品放在距离入口较远的地方或距收银口较远的地方。儿童用品要陈列在儿童易见易动的地方，如有儿童特别节日可按照情况调整位置，让刚刚进入超市的儿童对其产生兴趣。将畅销商品或有特色的商品陈列在显眼的地方。

2. **先进先出陈列**

商品在货架上先进先出陈列是保持商品品质和提高商品周转率的重要控制手段，按出厂的日期，将先进的商品摆放在最外层，避免商品滞留过期。专架、堆头上的商品至少每周整理一次，把保质期短的商品放在外边。

3. 关联商品陈列

顾客购物如果忘记要购买的商品很少再回头选购，所以关联性商品应陈列在通道两侧或陈列在同一通道、同一方向、同一侧的不同组别的货架上，而不应陈列在同一组双面货架的两侧。

4. 同类商品垂直陈列

水平陈列会让顾客在挑选不同种类的商品时感到不便，而垂直陈列会使同类商品一同创造出在货架上各段位的销售利益。

5. 主题陈列

主题陈列也称展示促销陈列。借助超市展示橱窗或卖场的特别展示区，运用各种艺术手段、宣传手段和各种陈列方式，配备适当的照明、色彩或声响效果，突出某一重点商品。主题陈列的目的是吸引顾客的注意力，使其产生购买欲望。

6. 根据季节、社会动向调整陈列

超市应按季节、社会动向变换随时调整商品的陈列布局。季节性、社会动向性商品陈列要求超市永远走在季节、社会动向变换的前面。应时应季商品、符合社会动向的商品应多占面积，并摆放在靠近入口、通道边等显眼位置，而淡季商品则适量陈列，以满足部分顾客的需要。即使没有季节性、社会动向性商品，也要从商品颜色、样式、需求大小等方面交换陈列。

任务二　商品理货及补货

任务描述

超市日常经营过程中，需要根据货架商品销售的过程及时进行现场商品的整理作业，对已经销售完毕的商品及时进行补货作业，超市中执行此类工作的员工即为理货员。理货员的工作职责有哪些？理货工作对应的作业流程有哪些？理货员的岗位要求有哪些？带着这些疑问，开始学习商品理货及补货作业。

任务目标

1. 掌握理货员的工作职责及工作内容。
2. 清楚理货员的职业意识。
3. 掌握补货作业内容及作业流程。

任务实施

知识准备

1. 理货员的工作职责

超市理货员的工作职责用于指导理货员的日常工作，明确职责内容并依据职责要求进行理货工作，方便超市的规范化管理。理货员的具体工作职责如下。

（1）定时检查货架、堆头上的商品陈列情况，及时发现商品缺失，并进行商品补充。

（2）清理货架灰尘，维持商品排列整齐，并保持销售区域的卫生。

（3）补货作业进行时，保持通道的畅通，不影响顾客的正常行走及商品选购，补货作业结束后，尽快清理现场垃圾。

（4）根据商品陈列的要求进行货源补充，务必实现排列充足、整齐美观的陈列要求。

（5）现场巡视的过程中，一旦发现有破损商品及时回收并处理。

（6）确保补货商品的位置正确。

（7）现场陈列的商品务必实现先进先出的原则，并定期检查现场陈列商品的保质期信息。

（8）现场作业过程中保持微笑，注意礼貌，规范用语。

2. 理货员的工作内容

（1）超市营业前的工作内容

①整理工作服，佩戴工作证件。

②打扫责任区域内的卫生。

③检查各项设备，如展示柜、冰箱。

④整理货架上的商品并保持整洁。

⑤核对价签与商品是否一致。

⑥检查各区域内的购物篮及设备是否完好。

⑦整理仓库。

（2）超市营业中的工作内容

①巡视责任区域内的货架，了解销售动态。

②根据销售动态及时进行补货、货物整理、现场保洁工作。

③现场进行购物咨询服务，接受善意评价。

④协助其他部门完成销售服务工作。

⑤注意现场顾客行为，及时、温和地制止顾客的不良行为，确保超市氛围及商品安全。

（3）超市营业后的工作内容

①打扫责任区域内的卫生。

②整理购物车、购物篮、清洁工具。

③整理商品单据，填写交接班记录表。

④进行补货作业及商品检验。

3. 补货作业流程

（1）检查核对需要补货的货位上的价签与商品是否一致。

（2）将原有商品取下，清洁货架及原有商品，将新商品放在货架内部，原有商品放在外部。

（3）整理货架上的商品，呈现商品的丰富性。

（4）实现定量管理及定位管理目的。

4. 理货员职业意识

根据理货员的岗位特性要求理货员树立以下职业意识。

（1）顾客意识

树立“顾客第一”“顾客是上帝”的意识，并贯彻到实际的行动中。

（2）目标意识

既要求有目的地从事工作，又具有不断向更高的工作目标努力的意志。

（3）形象意识

超市拥有众多的员工，每个人的形象都会直接影响超市的整体形象，每位员工必须清晰地意识到自己是超市的“形象代表”。

（4）品质意识

商品的品质需要工作品质的保证。

（5）成本意识

为顾客节省成本是成本意识的核心，只有降低成本才能向顾客提供更佳的商品和服务，使超市获得更多的利润。

（6）合作意识

现代社会超市就像是一个大机器，任何一个部件的故障都会影响整体的运作效果，需要各个岗位的相互作用，主动配合。

（7）问题意识

问题随处都在，要及时并勇于发现问题，善于寻找解决问题的方法。

（8）规范意识

按照统一的规则、规定来从事工作。

小组活动安排

小组对理货员的岗位职责及职业能力要求进行讨论，根据上述理货员职业意识制作超市理货员岗位说明书及岗位任职要求，并进行汇报。

任务评价

评价分为两部分进行，第一部分为小组任务评分，第二部分为教师评分。

1. 小组任务评分

组长负责评价每个组员在实训过程中的表现，并根据如下标准进行评分，满分40分。

（1）态度：用心完成小组任务并能提出疑问；积极参与小组讨论，并主动阐述个人观点。

（2）协助：能积极帮助组内成员解决问题，与小组成员一起分享资源、观点，分担任务。

（3）沟通：认真聆听其他成员的观点，并与他们进行沟通，然后提出自己的观点。

（4）仪表：语言表达清晰、仪态自然。

（5）展示：愿意代表小组发言，能全面、准确汇报小组共同的学习成果。

评价表如表 3 – 5 所示。

表 3 – 5 **小组任务评价表**

组别：　　　　　　　　　　　　　　　　　组长：

小组成员	态度（5 分）	协助（10 分）	沟通（5 分）	仪表（10 分）	展示（10 分）

2. 教师评分

教师负责根据每组的任务完成情况进行量化评分，总分值为 60 分。详细评分标准如表 3 – 6 所示。

表 3 – 6 **教师评价表**

组别：

序号	评价标准	分数
1	能在规定时间内，小组合作完成工作任务并顺利展示成果，观点新颖完整，内容逻辑性强	50 ~ 60 分
2	能在规定时间内，小组合作完成工作任务，能进行成果展示，观点阐述清晰，表达清楚	40 ~ 49 分
3	能在教师或其他小组的帮助下完成工作任务并进行阐述	0 ~ 39 分

任务提升

自动补货系统

自动补货系统（Automatic Replenishment Programs，ARP）是一种利用销售信息、订单经由 EDI（电子数据交换）连接合作伙伴的系统，合作伙伴之间必须有良好的互动关系，并且利用信息交换等方式提供信息给上下游。也就是说 ARP 是一种库存管理方案，是以掌握销售信息和库存量，作为市场需求预测和库存补货的解决方法，由销售信息得到消费需求信息，供应商可以更有效地计划、更快速地应对市场变化和用户需求，因此 ARP 可以用来降低库存量、提高库存周转率，进而维持库存量的最佳状态，而且供应商与批发商分享重要信息使双方都可以改善需求预测、补货计划、促销管理和运输装载计划等任务。

自动补货系统能使供应商对其所供给的所有货物及在其销售点的库存情况了如指掌，从而自动跟踪补充各个销售点的货源，使供应商提高了供货的灵活性和预见性，即由供应商管理零售库存，并承担零售商的全部商品的定位责任，使零售商大大降低零售成本。

一种商品一旦被大量采购，就会促使该商品的制造商大量生产此种商品，也会促使该商品在供应链中快速流动起来。随着供应链的进一步完善，补货的责任如今已从零售商转到了批发商或制造商的身上。对于供应商来说，掌握了零售商销售信息和库存量，可以更好安排生产计划、采购计划和供货计划，这是一个互助的商业生态系统。

从库存治理角度看，在库存系统中，订货点与最低库存之差主要取决于从订货到交货的时间、商品周转时间、商品价格、供销变化及其他变量。订货点与最低库存之差保持一定的距离，是为了防止商品脱销等不确定性情况的出现。为了快速反应客户“降低库存”的要求，供应商通过与零售商缔结伙伴关系，主动向零售商频繁交货，并缩短从订货到交货之间的时间间隔。这样就可以减少整个货物补充过程（从工厂到门店）的存货，尽量切合客户的要求，同时减轻存货和生产波动。

自动补货系统成功的要害在于，在信息系统开放的环境中，供应商和零售商之间通过库存报告、销售猜测报告和订购单报文等有关商业信息的最新数据实时交换，使得供应商从过去的单纯执行零售商订购任务转而主动为零售商分担补充库存的责任，以最高效率补充销售点或仓库的货物库存。

为了确保数据能够通过 EDI 在供应链中畅通无阻地流动，所有参与方（供应链上的所有节点企业）都必须使用同一个通用的编码系统来识别商品、服务及位置，这些编码是确保自动补货系统实施的唯一解决方案。而条码技术正是这套解决方案的中心基础。

要使连续补货有效率，货物的数量还需要达到有运输规模经济效益才行，而沃尔玛的销售规模足以支撑连续补货系统的使用。沃尔玛成功地应用自动补货系统后，有效地减少了门店的库存量，并提高了门店的服务质量，不仅降低了物流成本，还加快了存货的流通速度，大大地提高了沃尔玛供应链的经济效益和作业效率，稳定了沃尔玛的顾客忠诚度。

任务三　储位管理

任务描述

现阶段超市商品品种多、种类杂，为保证超市商品的正常供应，超市都会拥有自己的仓库。对于超市而言，超市仓库的储位管理十分重要，它在很大程度上影响着整个超市的经营状况。那么到底什么是超市仓库的储位管理呢？它的对象和原则是什么？如何制作储位编码？通过本节任务学习以上知识点。

任务目标

1. 掌握储位管理的概念及对象。
2. 掌握储位管理的原则及意义。
3. 掌握储位编码的要求及方法。

任务实施

知识准备

1. 储位管理

现代仓储管理与传统的仓储管理相比，更加注重仓储的时效性，是一种动态的管理，重视商品在拣货出库时的数量和位置变化，从而配合其他仓储作业。

（1）储位管理的含义

储位管理就是利用储位使商品处于“被保管状态”，并且能够明确显示所储存的位置，同时当商品的位置发生变化时能够准确记录，使管理者能够随时掌握商品的数量、位置，以及去向。

（2）储位管理的意义

将储存区域经过详细规划，并标示编号，让每一项预备储放的商品均有位置可以储放，此位置必须明确且有储位编码。储位管理的明确化和标准化是仓储与物料管理的一种趋势，也是迈向系统化的第一步，必须认真对待。良好的仓储管理机制，是超市高效运作的必要条件。

2. 储位管理的对象

储位管理的对象，分为保管商品和非保管商品两部分。

（1）保管商品

保管商品是指在仓库的储存区域中保存和管理的商品，由于它对作业、储放搬运、拣货等方面有特殊要求，使得其在保管时会有多种的保管形态出现，例如托盘、箱、散装或其他方式，这些商品虽然在保管形态上有很大差异，但都必须用储位管理的方式加以管理。

（2）非保管商品

①包装材料。包装材料包括一些标签、包装纸等用于包装超市商品的材料。由于现在超市促销、特卖等活动的增加，仓库的贴标、重新包装、组合包装等流通加工比例增加。对于包装材料的需求越大，就必须对这些材料加以管理，如果管理不善，欠缺情况发生，便会影响到整个作业的进行。

②辅助材料。辅助材料包括一些托盘、箱、搬运容器等搬运器具。目前由于流通器具的标准化，仓库对这些辅助材料的需求越来越大，依赖也越来越重。为了不影响商品的搬运，就必须对这些辅助材料进行管理，制定专门的管理办法。

③回收材料。回收材料就是经补货或拣货作业拆箱后剩下的空纸箱。虽然这些空纸箱都可回收利用，但是由于纸箱形状不同，大小不一，若不保管起来，很容易造成混乱，而影响其他作业，必须划分一些特定储位来对这些回收材料进行管理。

3. 储位管理的原则

储位管理必须遵循一定的原则，其基本原则主要有以下三个。

（1）储位标识明确

先将储存区域详细划分，并加以编号，让每一种预备储放的商品都有位置可以存放。此位置必须是很明确的，而且是经过储位编码的，不可以是边界含混不清的位置，例如走道、楼梯、角落或某商品旁等。需要指出的是仓库的过道不能当成储存区域来使用，虽然短时间内会比较方便，但会影响商品的进出，违背了储位管理的基本原则。

（2）商品定位有效

依据商品保管方式的不同，应该为每种商品确定合适的储存单位、储存策略、分配规则，以及其他储存商品要考虑的因素，把商品有效地配置在事先所规划的储位上，例如冷藏的商品就该放冷藏库，流通速度快的商品就该放置在靠近出口处，香皂就不应该和食品放在一起等。

(3) 变动更新及时

当商品被有效地配置在规划好的储位上之后，接下来的工作就是储位的维护，也就是说商品不管是因拣货取出，或是商品被淘汰，或是受其他作业的影响，使得商品的位置或数量发生了改变，都必须及时地把变动情形加以记录，保证记录与实物数量能够完全吻合，如此才能进行管理。由于此项变动记录工作非常烦琐，仓库管理人员在繁忙的工作中会产生惰性，这个原则成为进行储位管理中最困难的部分，也是目前仓库储位管理作业成败的关键所在。

4. 储位编码的要求

储位编码是将库房、货场、货棚、货垛、货架及商品的具体存放位置按顺序统一编列号码，并作出明显标志。实行储位编码，有利于提高商品收货、发货效率，减少串号和错发现象，便于仓库管理员之间的合作互助；也有利于仓储商品的检查监督和盘存统计。

在品种、数量繁多和出入库频率高的超市仓库里，仓库管理员必须正确掌握每批商品的存放位置。储位编码就如同商品在仓库的“住址”，做好储位编码工作，应该从库房条件、商品类别和批量整零的情况出发，搞好储位画线及编码秩序，以符合“标志明显易找，编排循规有序”的要求。

(1) 标志设置要适宜

储位编码的标志设置要因地制宜，采取适当方法，选择适当位置。例如：仓库标志可在库门外挂牌；库房标志可写在库门上；商品货位标志可竖立标牌；多层建筑库房的走道、支道、段位的标志一般都刷置在水泥或木板地坪上；存放粉末类、大件笨重类商品的库房其标志也可印置在天花板上；泥土地坪的简易货棚内的货位标志可在柱、墙、顶、梁刷置或悬挂标牌。

(2) 标志制作要规范

目前，仓库储位编码的标志五花八门很不规范，有的以甲、乙、丙、丁为标志；有的以 A、B、C、D 为标志；也有的以东、西、南、北和地名为标志。这样很容易造成单据串库，货物错收、错发事故。而且储位的标志要有规律，序号应连续下去，不能出现断号或跳号的情况。另外，制作库房和走道、支道的标志，可在阿拉伯字码外再辅以圆圈，可用不同直径的圆圈表示不同场所的标志。

(3) 编号顺序要一致

库房、货棚、货场以及库房内的走道、支道、段位的编号，基本上都以进门的方向左单右双或自左而右的规则进行，按顺序划分若干储位，并将编号标于明显处。

5. **储位编码的方法**

（1）库房储位编码

对多层建筑库房的编号排列，可采用“三号定位”或“四号定位”法。“三号定位”法是用三个数字号码表示，如图3－1所示。个位数指仓间编号，十位数指楼层编号，百位数指仓库编号。例如：142编号，就是1号库四层2号仓间。“四号定位”法是用四个数字号码表示，如图3－2所示。在“四号定位”法中，个位数指商品具体位置编号，十位数指货区排次或货架层次编号，百位数指货区或货架编号，千位数指库房编号，例如3933编号，即为3号库9号货架第3层第3号货位。

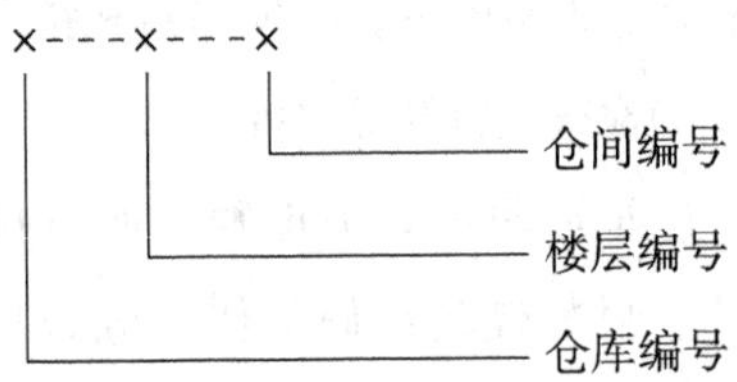

图3－1　三号定位法

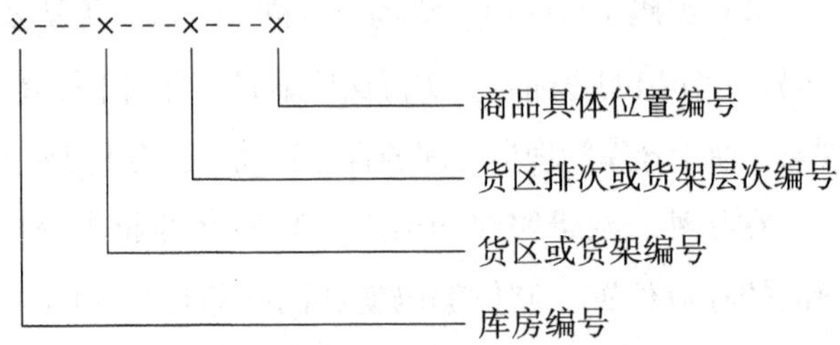

图3－2　四号定位法

（2）货场储位编码

货场储位编码一般有以下两种方法。

①按照货位的排列顺序编成排号，再在排号内按顺序编号。

②不编排号，采取自左至右和自前至后的方法，按顺序编号。

小组活动安排

各小组分别组织成员到超市仓库进行储位编码的规则解读并对未设置储位编码区域进行储位编码。

步骤一：各小组安排成员到超市仓库进行储位信息的采集，采集内容包括超市仓库平面图、仓库编号、货架编号、具体的储位编号，各小组采集储位信息数量不低于20个，须包括多个货架的数据采集。

步骤二：解读仓库平面图，整理储位编号。

步骤三：进行储位编码规则的解读。

步骤四：依据解读的储位编码规则，对未设置储位编码区域进行储位编码，整理成表格，并进行小组活动汇报。

任务评价

评价分为两部分进行，第一部分为小组任务评分，第二部分为教师评分。

1. 小组任务评分

组长负责评价每个组员在实训过程中的表现，并根据如下标准进行评分，满分40分。

（1）态度：用心完成小组任务并能提出疑问；积极参与小组讨论，并主动阐述个人观点。

（2）协助：能积极帮助组内成员解决问题，与小组成员一起分享资源、观点，分担任务。

（3）沟通：认真聆听其他成员的观点，并与他们进行沟通，然后提出自己的观点。

（4）仪表：语言表达清晰、仪态自然。

（5）展示：愿意代表小组发言，能全面、准确汇报小组共同的学习成果。

评价表如表3－7所示。

表3－7　　小组任务评价表

组别：　　　　　　组长：

小组成员	态度（5分）	协助（10分）	沟通（5分）	仪表（10分）	展示（10分）

2. 教师评分

教师负责根据每组的任务完成情况进行量化评分，总分值为60分。详细评分标准如表3－8所示。

表3－8　　教师评价表

组别：

序号	评价标准	分数
1	能在规定时间内，小组合作完成工作任务并顺利展示成果，观点新颖完整，内容逻辑性强	50～60分
2	能在规定时间内，小组合作完成工作任务，能进行成果展示，观点阐述清晰，表达清楚	40～49分
3	能在教师或其他小组的帮助下完成工作任务并进行阐述	0～39分

任务提升

货位定位的依据

货位的选择是在商品分区分类的基础上进行的，所以货位的选择应遵循“确保商品安全，方便吞吐发运，力求节约仓容”的原则。货位定位主要应遵循以下原则。

（1）最接近物流活动出口原则。在规定固定货位和机动货位的基础上，要求商品摆放在离物流活动出口最近的位置上。

（2）以库存周转率为排序的依据的原则。出入库频次高且出入量比较大的商品放在离物流活动出口最近的固定货位上；当然，随着商品的生命周期、季节等因素的影响，库存周转率也会变化，货位也在重新排序，商品的货位也并非一成不变。

（3）关联原则。两个或两个以上相关联的商品经常被同时使用，如果放在相邻的位置，就可以缩短分拣人员的移动距离，提高工作效率。

（4）唯一原则。同一商品要求集中保管在唯一货位区域内，便于统一管理，避免多货位提货。

（5）系列原则。同一系列的商品，应设置一个大的货位区域。

（6）隔离易混商品原则。外观相近，用肉眼难以识别的商品，在标示清晰的基础上，要间隔两个以上的货位，防止混在一起，难以区分。

（7）批号管理原则。一个批号的商品必须单独放在一个货位上；通过先进先出，进行严格管理，同一批号的商品如果检验不合格或者不允许放行，要设立红牌警示，避免混出仓库，发生质量事故。

（8）面对通道原则。把商品的标示面对通道，不仅是把商品的外包装面对通道，而且是把所有的商品标示面对通道，面对同一方向，使分拣人员始终能够流畅地进行工作，不用中断工作去确认标示，做到不围不堵。

（9）合理搭配原则。要考虑商品形状大小，根据仓库的实际条件，合理搭配空间；避免空间不足多货位放货，避免空间太大货位使用不充分。

（10）上轻下重原则。楼上或上层货位摆放较轻的商品，楼下或者下层货位摆放较重的商品，这样可以减轻搬运强度，保证货架与人员的安全。

（11）化学品、易燃易爆危险品单独区域存放原则。化学品、易燃易爆危险品单独存放的区域要重点管理维护，避免影响其他商品的安全。

（12）目视化看板原则。绘制货位平面图，明确标明商品的货位，即使是临时分拣人员，也能准确无误地分拣商品。

项目四　超市存货管理

项目教学目标

1. 掌握商品分类的原则及方法。
2. 掌握商品条码的概念及种类。
3. 掌握商品编码的设计及管理。
4. 掌握商品盘点作业的概念及内容。
5. 掌握商品盘点作业的方法。
6. 掌握商品盘点作业的流程。
7. 掌握超市商品损耗产生的原因。
8. 掌握超市商品防损的主要措施。

任务一　商品分类及编码

任务描述

现阶段超市的商品品种多、种类杂，如何设计一个合理的商品分类方案进行后续的商品布局？商品种类繁多，现阶段社会普遍采用条码进行结账作业，那么条码编码的规则是什么？在商品销售环节中，还普遍存在无标准条码的商品，此类商品如何进行编码的制作以及后续的管理？本任务学习上述问题相关的知识点。

任务目标

1. 掌握商品分类的原则及方法。
2. 掌握商品条码的概念及种类。
3. 掌握商品编码的设计及管理。

任务实施

知识准备

1. 商品分类

商品分类即将商品分门别类的意思，将商品进行分类后才能实施部门管理，同时在分类的基础上，经营者方可针对商品进行组织及数据管理。商品分类必须遵循以下原则。

（1）必须明确分类的目的及要求。

（2）必须明确商品分类所限定的范围。

（3）商品分类需要最大限度地方便顾客选购，并且利于商品生产、销售及经营习惯。

（4）商品分类应具有科学系统性，便于管理。

商品分类的方法通常需要确定分类标志，如商品用途、原材料、生产方法、化学成分等最基本的属性和特征。不同分类方法的对比如表4－1所示。

表4－1　　商品分类方法

商品分类标准	说明	优点	缺点
商品用途	所有商品均是为满足社会需要生产的，商品用途即为商品使用价值的标志	便于将相同用途的商品的质量及销售情况、使用效果进行对比，方便顾客选购	对具有多种用途的商品不适用
商品原材料	原材料是决定商品质量和性能的重要因素，原材料的不同使商品的质量也不同	从本质上反映商品的性能、特点，便于确定销售、运输及储存形式，便于保证商品在流通中的质量	对于由多种原材料组成的商品不适用，如电视机、洗衣机、冰箱等
商品生产方法	适用于原材料相同，但生产方法不同的商品，此种商品具有不同的质量特征，如茶叶	因为生产方法不同，突出商品的特征，有利于针对性销售和工艺创新	对于生产方法虽然不同，但商品本身的性能无实质性差异的商品不适用

续　表

商品分类标准	说明	优点	缺点
商品化学成分	由于所含化学成分的种类及数量的差别对商品质量、性能及用途产生决定性影响的商品，如塑料	可反映商品的本质特征，便于研究及了解商品的特性和使用方法	对化学成分复杂的商品不适用，如水果、蔬菜、粮食等

为方便统计，通常将超市的商品划分为大、中、小三个层级，所有商品由若干个大类构成，大类由几个中类构成，中类由几个小类构成，小类由众多的单品组成。

（1）大类：体现商品生产和流通领域的行业分工，如五金类、化工类、食品类等。

（2）中类：指商品品类，是体现具有若干共同性质和特征的商品总称，如食品类可分为水果类、蔬菜类、肉类、蛋类等。

（3）小类：体现商品的具体名称，如酒类商品可分为啤酒、白酒、黄酒、葡萄酒等。

（4）单品：对单一商品的细节区分，体现不同的规格或等级，如可口可乐的 1.25 升装、330 毫升装、300 毫升装。

2. 商品条码

商品条码是由一组宽窄不同、黑白相间的平行线及对应的字符，按照一定的规则排列组合而成的条、空、数字图像。包含了商品的生产国别、制造厂商、产地、名称、规格、特性、生产日期、数量、价格等一系列商品信息。

商品条码是利用电子扫描阅读设备识读，并实现数据输入计算机的一种特殊代码，具有快速阅读、信息量大、成本低、可靠性高等优点，广泛应用于仓储、邮电、图书等领域，也是迄今最普遍、最经济的信息标识技术。

国际通用的商品条码包括 EAN 条码（欧洲商品条码）和 UPC 条码（通用产品条码）两种。

EAN 条码由国际物品编码协会制定，是一种国际通用的商品代码，主要用于单件商品。

EAN 条码又分为标准码及缩短码两种。

EAN 标准码即 EAN－13 码，标准尺寸为 37.29 毫米×26.26 毫米，由条、空及对应的 13 位阿拉伯数字组成，具体如图 4－1 所示。

其中，前缀码又称国别码，为前两位或前三位数字（中国为前三位，国际物品编

图 4－1　EAN－13 码

码协会为中国分配的前缀码为 690、691、692、693、694、695、696、697、698、699）；接下来四位或五位（中国是四位）为厂商代码；再接下来五位数字为商品标识码；最后一位是校验码，由码制自动计算生成。

EAN 缩短码又称为 EAN－8 码，由条、空及八位阿拉伯数字组成，这八位数字分为三个码段，第一码段即前缀码，与 EAN－13 码相同，由两位或三位数字组成；第二码段是商品代码，由四位或五位数字组成；第三码段是校验码。条码结构如图 4－2 所示。

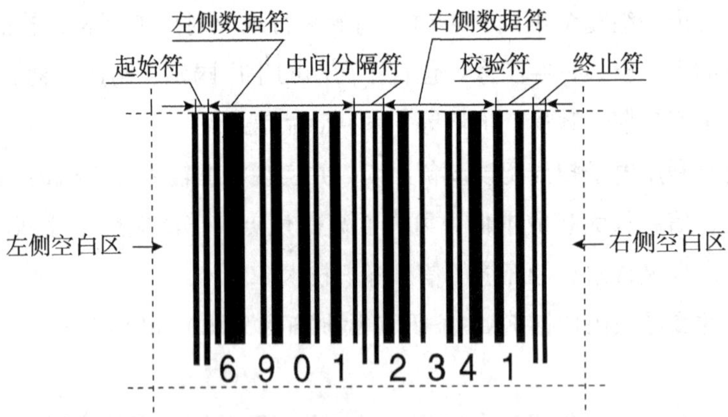

图 4－2　EAN－8 码

UPC 条码是美国统一代码委员会推出的一种商品条码，广泛用于美国和加拿大商品流通领域，各国出口到美国、加拿大等北美国家的商品，其包装上必须印有 UPC 条码。

3. 商品编码

商品编码必须使用条形码，原则上无明确统一的标准及限制，基本上依据企业的规模及性质而定，但在实际运作过程中，为方便企业业务扩展，编码能随之扩充，一般而言，在超市中的商品编码，采用7码及8码者较多，少于7码或者多于8码都不太合适。

（1）7码编码原则

采用7码编码进行分类时，第一码为大类，最多使用10个；第二码为中类，最多使用100个，即每个大类最多有10个中类；第三码、第四码为小类，小类最多有1000个，即每个中类最多可分成100个小类；第五码及第六码为单品；第七码为检查码。

（2）8码编码原则

采用8码编码进行分类时，第一码为大类，最多使用10个；第二码、第三码为中类，每个大类最多可以有1000个中类；第四码、第五码为小类；第六码及第七码为单品；第八码为检查码。

商品编码在使用过程中的维护相当重要，需要根据旧商品的淘汰、新商品的加入而增删部分编码，使用过程中包括以下注意事项。

（1）应保持分类编码的连贯性及完整性，新商品加入时，注意与原有编码的连贯性。

（2）固定时间删除不用的编码。

（3）由专人负责进行商品分类、编码及管理的工作。

小组活动安排

各小组分别组织人员到超市进行商品条码的收集并进行条码的解读。

步骤一：各小组安排人员到超市进行商品信息的采集，采集内容包括商品名称、商品产地、商品条码，各小组采集商品信息数量不低于20个，须包括国产商品及进口商品。

步骤二：识别商品信息，整理商品条码。

步骤三：进行国别码的识别，判断商品产地。

步骤四：整理国别码信息，掌握并熟记亚洲国家国别码，同时将亚洲国家国别码整理成表格，并进行小组活动汇报。

任务评价

评价分为两部分进行，第一部分为小组任务评分，第二部分为教师评分。

1. 小组任务评分

组长负责评价每个组员在实训过程中的表现，并根据如下标准进行评分，满分40分。

（1）态度：用心完成小组任务并能提出疑问；积极参与小组讨论，并主动阐述个人观点。

（2）协助：能积极帮助组内成员解决问题，与小组成员一起分享资源、观点，分担任务。

（3）沟通：认真聆听其他成员的观点，并与他们进行沟通，然后提出自己的观点。

（4）仪表：语言表达清晰、仪态自然。

（5）展示：愿意代表小组发言，能全面、准确汇报小组共同的学习成果。

评价表如表4－2所示。

表4－2　小组任务评价表

组别：　　　　　　　　　　　　组长：

小组成员	态度（5分）	协助（10分）	沟通（5分）	仪表（10分）	展示（10分）

2. 教师评分

教师负责根据每组的任务完成情况进行量化评分，总分值为60分。详细评分标准如表4－3所示。

表4－3　教师评价表

组别：

序号	评价标准	分数
1	能在规定时间内，小组合作完成工作任务并顺利展示成果，观点新颖完整，内容逻辑性强	50～60分
2	能在规定时间内，小组合作完成工作任务，能进行成果展示，观点阐述清晰，表达清楚	40～49分
3	能在教师或其他小组的帮助下完成工作任务并进行阐述	0～39分

⊕ 任务提升

商品条码的制作

通过学习条码编辑软件 Label Matrix 进行商品条码的设计。

（1）打开条码编辑软件 Label Matrix 后，出现如图 4－3 所示的对话框，选择"Create a new label（创建一个新条码）"，进行新条码的设计。

图 4－3　开始界面

（2）点击开始界面中的"OK（确认）"后会进入条码的设计界面，如图 4－4 所示。

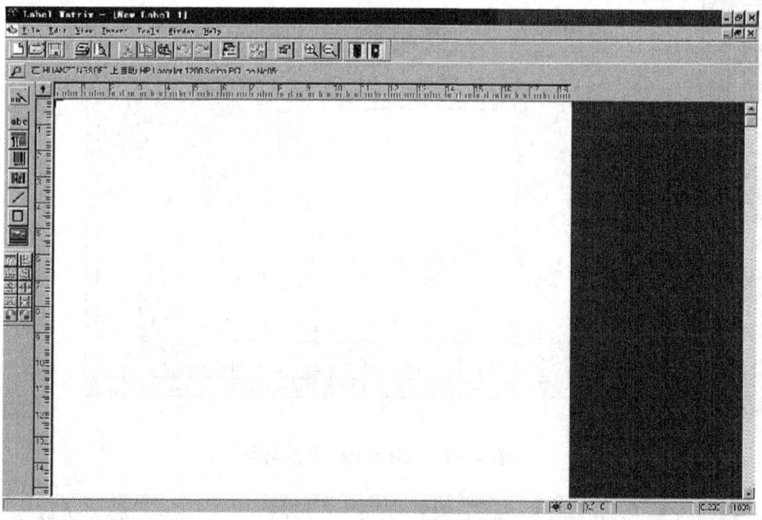

图 4－4　设计界面

(3) 点击一维条码的控键，出现如图 4－5 所示的对话框。

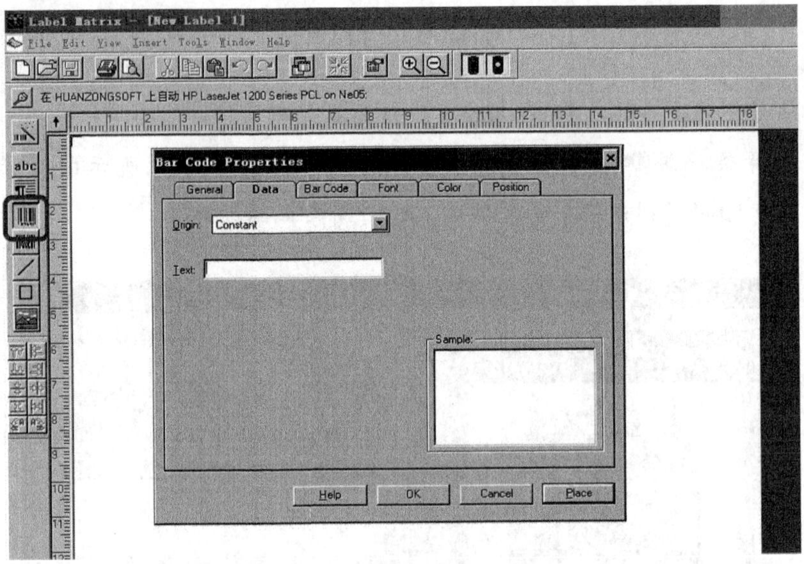

图 4－5　一维条码属性界面

(4) 点击"General（一般）"选项卡，出现如图 4－6 所示的对话框，需要填写的是条码的名称，如输入"ABC"，完成后点击"OK（确认）"。

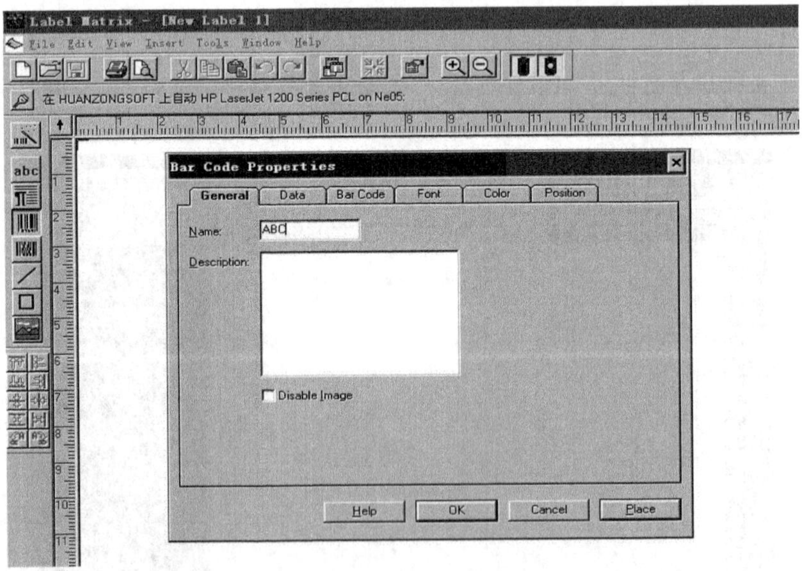

图 4－6　General 属性界面

(5) 点击"Data（数据）"选项卡，会出现如图 4－7 所示的对话框。

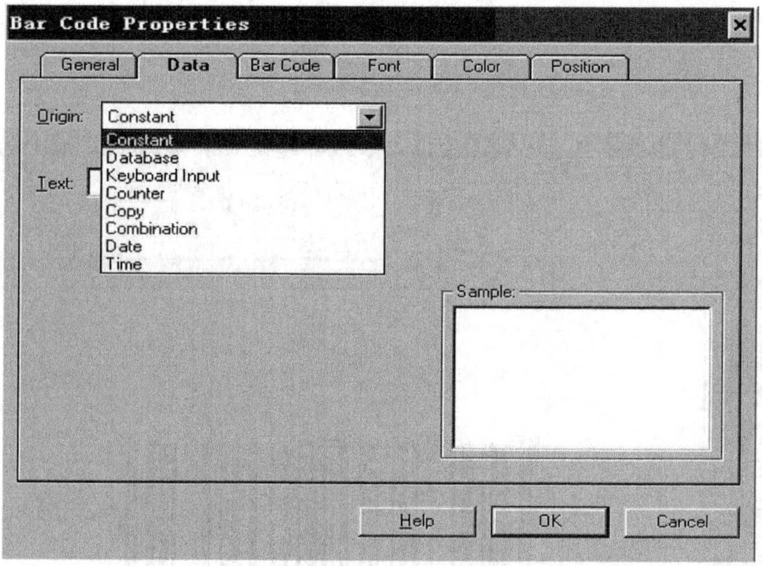

图 4－7　Data 属性界面 1

这时“Origin（正本）”选项一般选择默认的“Constant（常量）”按钮，在默认情况下，开始进行内容的编辑，如图 4－8 所示，在“Text（文本）”输入栏里输入条码的数值，如“6903244981132”，对话框右下角的“Sample（预览）”界面里显示你输入的条码数值。

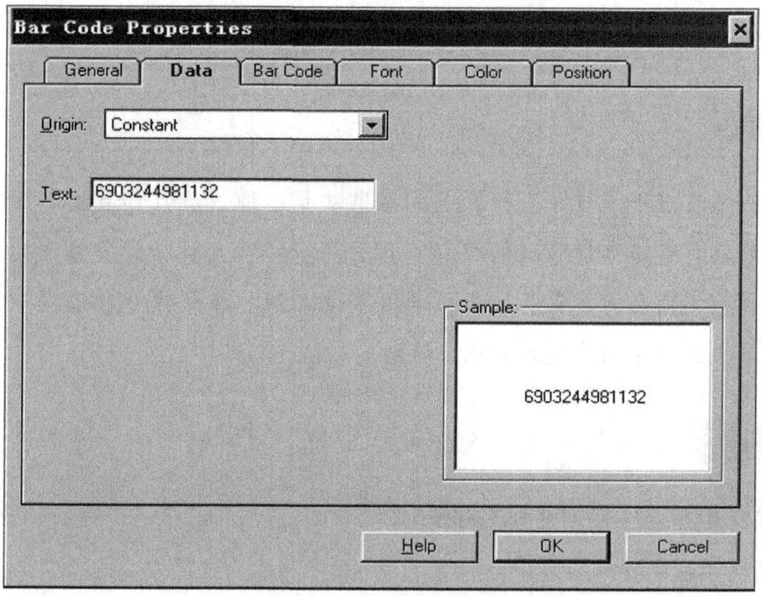

图 4－8　Data 属性界面 2

（6）输入完后点击“OK（确认）”即可出现如图4－9所示的界面，条码制作完成。

图4－9　条码界面

任务二　商品盘点

任务描述

超市的商品盘点正确与否直接影响到采购决策，通过盘点作业进行库存数量的核查，保持账物相符也是存货管理的重点工作。超市经营人员必须安排固定周期的盘点工作，检查库存内商品的数量及质量，确保账物相符。在超市存货管理中，需要根据商品流动的特点选择不同的盘点方式及策略。

任务目标

1. 掌握商品盘点作业的概念及内容。
2. 掌握商品盘点作业的方法。
3. 掌握商品盘点作业的流程。

任务实施

知识准备

1. 盘点概述

所谓盘点是指定期或临时对库存商品的实际数量进行清查、清点的工作，目的是掌握商品的流动情况，对仓库现有商品的数量进行清点并与账务信息进行核对，准确掌握库存数量。

根据盘点作业的要求，商品盘点的主要工作内容包括以下四个方面。

（1）商品数量检查

通过对现场商品的数量检查，确认现场商品的实际数量，核对库存账面资料，并与实际库存数量进行对比，确保二者一致。

（2）商品质量检查

检查数量的同时进行商品质量的检查，观察商品质量有无变化，重点检查包装、保质期等，并根据需要针对部分商品进行技术检验。

（3）保管条件检查

检查保管条件与商品的保管要求是否相符，如库内温度的检查。

（4）库存安全状况检查

检查各种安全措施及消防器材是否符合安全要求，设备的使用状态是否良好。

2. 盘点原则及方法

在盘点过程中，应遵循的盘点原则是真实、准确、完整、清楚。

通常每月进行一次盘点，并由盘点小组负责全部门店的盘点工作，为了确保盘点效率，应遵循以下原则。

（1）售价盘点原则

即以商品的零售价格作为盘点的基础，以零售价格对库存商品进行控制，通过盘点确定一定周期内的商品损益和零售差错。

（2）即时盘点原则

在营业过程中随时进行盘点。

（3）自动盘点原则

利用现代化技术手段来辅助盘点工作，如利用手持终端进行盘点作业，或利用收银机和扫描枪进行盘点作业。

依据盘点进行的目的及方式的不同，盘点方法可分为如下四种。

（1）抽样盘点

由相关负责单位发起的临时性盘点，目的在于对仓储管理单位是否落实管理工作进行审核。

（2）临时盘点

因为某种特定原因或目的针对某些特殊商品进行的突发性盘点。

（3）年终（中）盘点

定期举行的大规模、全面性的盘点工作，根据相关规定，一般超市每年年终应该实施全面的盘点，部分超市还需要年中实施一次全面盘点。

（4）循环盘点

采用信用化管理的超市，为了确保账物随时均能保持一致，将商品重要性进行区分，运用信息化工具实施周期性的循环盘点。

3. 盘点作业流程

盘点作业是一项复杂、耗费大量时间及精力的作业，但盘点的结果也是反映企业经营成果的指标，是衡量连锁超市经营好坏的重要标准。

（1）建立盘点制度

盘点制度应该由连锁超市总部统一制定，主要内容包括：盘点的方法、盘点的周期、账务处理规定、盘点差异处理方法及改进策略、盘点结果处理规定。

（2）盘点组织落实

由各门店负责落实，总部安排人员到各门店进行监督和指导，盘点工作量大，通常在执行过程中要求全员投入。

（3）盘点责任区域落实

盘点作业要让责任区域落实到人，在分配工作区域时，为保证盘点的准确性，原则上要求不同工作区域的员工交叉盘点，避免盘点自身工作区域可能出现数据不实的情况。

（4）盘点作业准备

盘点前，发出通知，避免在盘点时顾客前来购物，同时通知供应商，避免盘点过程中给供应商送货造成不便。

盘点工作执行前两天对商品进行整理，使盘点工作更加有序、有效。

（5）盘点工作执行

给相关人员发送盘点单，分配工作区域，告知盘点工作方法以及问题商品的处理方法。

盘点作业通常有初盘及复盘工作，负责初盘的相关责任人不参与复盘，负责复盘的相关责任人记录复盘数量。

（6）盘点工作的账务处理

盘点工作结束后，计算盘点的商品数量及金额，与账务信息进行对比，并将盘点结果送到财务部进行审核。

一般情况下，盘点损失比率应在2%以下，如超过2%就说明盘点作业结果存在问题，可能是盘点不实，或者是超市经营状况欠佳。

小组活动安排

各小组模拟成一个超市的盘点组织，针对超市库存商品进行盘点，按照盘点流程进行设计并执行。

步骤一：确立盘点制度。

确定盘点方法、盘点范围、盘点内容及盘点差异处理方法等，并形成文字材料。

步骤二：盘点责任区域落实。

小组进行分工，每人负责一个区域的盘点工作。

步骤三：盘点工作执行。

按照盘点制度要求的原则执行盘点工作。

步骤四：盘点结果处理。

根据盘点的结果，按照盘点要求进行盘点结果处理。

步骤五：提交材料。

将盘点作业过程中设计的盘点制度、对应单据及处理结果制作成PPT进行演示。

任务评价

评价分为两部分进行，第一部分为小组任务评分，第二部分为教师评分。

1. 小组任务评分

组长负责评价每个组员在实训过程中的表现，并根据如下标准进行评分，满分40分。

（1）态度：用心完成小组任务并能提出疑问；积极参与小组讨论，并主动阐述个人观点。

（2）协助：能积极帮助组内成员解决问题，与小组成员一起分享资源、观点，分担任务。

（3）沟通：认真聆听其他成员的观点，并与他们进行沟通，然后提出自己的观点。

（4）仪表：语言表达清晰、仪态自然。

（5）展示：愿意代表小组发言，能全面、准确汇报小组共同的学习成果。

评价表如表4－4所示。

表4－4　小组任务评价表

组别：　　　　　　　　　　　　　　　　组长：

小组成员	态度（5分）	协助（10分）	沟通（5分）	仪表（10分）	展示（10分）

2. 教师评分

教师负责根据每组的任务完成情况进行量化评分，总分值为60分。详细评分标准如表4－5所示。

表4－5　教师评价表

组别：

序号	评价标准	分数
1	能在规定时间内，小组合作完成工作任务并顺利展示成果，观点新颖完整，内容逻辑性强	50～60分
2	能在规定时间内，小组合作完成工作任务，能进行成果展示，观点阐述清晰，表达清楚	40～49分
3	能在教师或其他小组的帮助下完成工作任务并进行阐述	0～39分

任务提升

传统手工盘点与手持终端自动盘点比较

1. 手工单据信息不准确，用手持终端自动盘点准确率高

手工整理单据信息经常会产生抄写错误和键入错误，产生很多无效劳动和重复工作，导致仓库盘点信息不准确，使超市承担附加的库存量。

利用手持终端盘点机扫描商品条码即可完成盘点工作，大大降低了盘点出错的概率，确保得到精准的数据。

2. 手工盘点周期较长，手持终端可快速高效盘点

一张单据从填写、收集到键盘输入，需要一天或更长的时间。这使得生产调度员只能根据前几天甚至一周前的库存信息，定下交货日期。

使用手持终端盘点机，管理人员可以快速高效地进行仓库库存盘点，原本手工盘点几天的工作量，用手持终端盘点机盘点往往数小时就能完成。

3. 手工盘点数据传输延迟，用手持终端可实现数据的同步上传

运用人工的计算方法需要先根据商品的包装清单逐个计算，当要计算多种商品，中间又嵌套半成品时将是件非常烦琐的事，并且很难做到准确、及时核算，还要核对库存，最后才能得出库存报表。

使用手持终端盘点机进行仓库库存盘点，将现场采集的数据上传到仓库管理系统中，自动更新系统中的数据。同时也可以将系统中更新以后的数据下载到手持终端中，以便在现场进行查询和调用。

任务三　商品损耗及防损

任务描述

超市经营了成千上万种商品，各种商品的物理特性不同，各超市经营人员的能力及素质也有差异，出现商品的损耗在所难免。但并不意味着不需要重视，合理地控制、降低非正常损耗，同样是超市经营者增加营业收益的重要手段。本任务则需要大家了解超市商品损耗产生的原因，并根据原因针对性地制订解决方案。

任务目标

1. 掌握超市商品损耗产生的原因。
2. 掌握超市商品防损的主要措施。

任务实施

知识准备

1. 超市商品损耗的概念

损耗指的是店铺接收货物时的商品价值与出售后获取的价值之间的差额。目前国内没有统一定义，美国零售业对损耗的定义是：不明原因的库存短缺金额。

超市商品的损耗给上架带来很多的麻烦，商品的大量失窃甚至会造成超市倒闭和员工失业。

2. 超市商品损耗的原因

超市商品损耗可以分为正常损耗和管理损耗。

（1）正常损耗

①变价损耗。

a. 固定促销变价，如特卖商品。

b. 临时促销变价，如应对竞争进行的临时调价或生鲜商品的时段降价。

c. 厂商调价。

d. 即期商品促销变价。

②废弃损耗。

a. 节庆期间商品未售完，如元宵花灯。

b. 进口食品，因无法退货而造成的废弃。

c. 自有品牌，未销售完毕的商品无法退货造成的废弃。

d. 订货不当，商品积压、滞销造成的废弃。

e. 管理不当，因未严格执行先进先出造成的商品过期、质量受损。

f. 商品破坏无法退回，包括操作不当造成的破坏及商品加工失误造成的破坏等。

（2）管理损耗

①厂商进出管理不当。

a. 厂商送货时将商品夹带离开。

b. 退回厂商的不合格商品未经过检查，导致夹带其他合格商品。

c. 厂商利用管理疏漏伪造签收单。

②移库作业操作不当。

a. 分店间移入、移出手续不齐全。

b. 分店间移库作业账务处理不清。

③员工管理不当。

a. 员工偷窃。

b. 员工换班时夹带商品离开。

c. 员工刻意改变价格卖给亲友。

d. 特价活动结束后员工未将商品改回原价。

e. 员工执勤时未发现偷窃现象。

④作业疏忽。

a. 专柜人员工作疏忽。

b. 收银人员工作疏忽。

c. 盘点人员工作疏忽。

d. 商品标价错误。

e. 退货商品遗失。

f. 称重仪器出错，出现重量误差。

⑤顾客偷窃。

经过统计，商品损耗中，88%是作业疏忽、员工偷窃和意外损失导致的，7%是顾客偷窃导致的，5%是厂商偷窃导致的。

3. 连锁超市防损管理

(1) 店面防损

①夜勤工作管理。

可采取的措施包括：进行夜间工作时，应指定相关人员负责看守店内财产及物品；夜勤人员工作完毕后，应主动出示携带物品，进行检查。

②专柜人员管理。

可采取的措施包括：专柜人员进出店铺必须完全遵守员工要求；专柜进出货时，必须经过验收人员的确认方可进出。

③员工购物管理。

员工不得在上班时间内购物或预留商品；休息时间及下班后，员工所购商品不得带入超市；已结账的商品必须在购物袋上粘贴购物票据。

④鲜度管理。

生鲜商品必须当天售完，在销售波段之间灵活调整价格；时刻控制区域的温湿度。

（2）收银管理

收银员每天轮换不同的收银台；新收银员上机时，必须由资深收银员陪同，防止其生疏、紧张造成错误；收银主管随时在收银区监督，注意是否有异常情况；防止收银员使用退货键来消除已登录商品的记录。

（3）安装防损设备

根据需要在超市里安装如虚拟摄像机、闭路电视监控系统、电子防盗系统等信息化设备。

小组活动安排

小组成员共同制定超市防损制度体系，需要针对不同作业环节和场所进行讨论，如仓库、日化区、生鲜区、收银区等，并从多个角度进行分析考虑。将制定的防损制度体系制作成 PPT 进行演示。

任务评价

评价分为两部分进行，第一部分为小组任务评分，第二部分为教师评分。

1. 小组任务评分

组长负责评价每个组员在实训过程中的表现，并根据如下标准进行评分，满分 40 分。

（1）态度：用心完成小组任务并能提出疑问；积极参与小组讨论，并主动阐述个人观点。

（2）协助：能积极帮助组内成员解决问题，与小组成员一起分享资源、观点，分担任务。

（3）沟通：认真聆听其他成员的观点，并与他们进行沟通，然后提出自己的观点。

（4）仪表：语言表达清晰、仪态自然。

（5）展示：愿意代表小组发言，能全面、准确汇报小组共同的学习成果。

评价表如表4－6所示。

表4－6　　小组任务评价表

组别：　　　　　　　　　　　　　　　　组长：

小组成员	态度（5分）	协助（10分）	沟通（5分）	仪表（10分）	展示（10分）

2. 教师评分

教师负责根据每组的任务完成情况进行量化评分，总分值为60分。详细评分标准如表4－7所示。

表4－7　　教师评价表

组别：

序号	评价标准	分数
1	能在规定时间内，小组合作完成工作任务并顺利展示成果，观点新颖完整，内容逻辑性强	50～60分
2	能在规定时间内，小组合作完成工作任务，能进行成果展示，观点阐述清晰，表达清楚	40～49分
3	能在教师或其他小组的帮助下完成工作任务并进行阐述	0～39分

任务提升

超市防损管理

在超市防损管理中，减少超市营运过程中的商品损耗，使用合适的防损管理工具，制定超市防损措施是至关重要的管理要素。超市防损管理可以从四个方面进行。

1. 提高超市员工的防损意识

超市防损管理，上至总经理，下至底层员工，都要认识到群防群治才能有效控制。因此，超市防损部要定期把超市中发生的盗窃事件通报给全体员工，让大家定期了解关于超市防损管理的动态，超市全体员工要不定期地对商品进行检查，防患于未然。

2. **防损工作的隐蔽性是关键**

一般来说，超市都会设有防损部或者保卫部，分为外保和内保，外保一般都是聘请专业的警卫人员，而内保通常由超市的工作人员任职。因此，内保人员在发现嫌疑人时，要注意以下几点：不要随意地跟超市的工作人员打招呼，以免惊扰嫌疑人；要把防盗扣、磁卡等放好，不要被嫌疑人看到；要熟练使用超市中的各项电子商品防盗系统。

3. **防盗设备的先进性**

虽然目前超市的防盗设备各式各样，但是找到适合各自超市的设备才是最重要的，要选择性能优良的电子商品防盗设备确保超市防损管理的有效性。

4. **要注意防损制度的全面性和适应性**

防损工作是大同小异的，每个超市防损工作的防范标准都存在差异性。因此，超市在常规制度上要适时地针对不同的情况进行完善，做好防损工作。

项目五　超市退货管理

项目教学目标

1. 了解超市退货含义。
2. 了解超市退货原因。
3. 掌握超市退货处理方法和标准。
4. 掌握超市退货作业流程。

任务一　退货原因

任务描述

顾客在购物过程中，可能因为不满意商品质量或其他原因进行退货，以及在销售经营过程中，因季节性原因造成商品不再适合应季销售、商品质量产生问题等状况，均会产生退货商品，那么，在超市经营中会出现何种类型的退货，以及如何判断商品是否符合退货规定，对于超市经营也产生着极其重要的影响。

任务目标

1. 了解退货的含义。
2. 了解超市退货的原因。
3. 掌握退货处理方法。

任务实施

知识准备

1. 退货的含义

退货是指顾客在购买商品后的一定时期内，对确有质量问题的商品要求商家给予退掉商品和退还等价现金的行为。

2. **退货产生的原因及处理方法**

在超市经营过程中，会存在多种原因造成退货，其中包括以下内容。

（1）瑕疵品回收

由于生产厂商在设计、制造过程中所造成的有质量问题的商品，往往是在销售后，才由顾客或经销商发现存在质量瑕疵，必须立即进行部分或全部回收。这种情形不常发生，但不可避免。从超市的角度来说，必须立即将消息传达给所有顾客，而且要采取最快速的方法将商品收回，集中处理。在此类事件中，配送中心虽不会有直接的成本损失，但快速配合，可降低损害，增进其与超市及顾客间的关系，同时也是配送中心处理意外事件能力的展现，能够提高顾客满意度。

（2）搬运中损坏

由于包装不良或搬运中剧烈振动，造成商品破损或包装污损，这时必须重新研究包装材料的材质、包装方式和搬运过程中各项上、下货动作，找出真正原因并加以改善。

（3）商品送错退回

由于配送中心处理不当，如拣货不准确或条码、送货单等处理错误，顾客收到的商品种类或数量与订单不符，这时必须换货或退回，以防止顾客投诉。要核查造成问题可能的原因，如订单接受时就产生错误、拣货错误、出货单贴错、货放错车等。找出原因后，配送中心应立即采取措施，如在常出错的地方增加控制点，以提高正确率。

（4）商品过期退回

一般的商品都有有效期，为了保证顾客的利益，要从货架上卸下过期的商品。但过期商品必须找合格的废弃物处理商处理，从回收到销毁，均需投入许多成本，所以要事前准确分析商品的需求，以多批次少批量的配送来减少过期商品；认真地分析过期商品产生的原因，提前提醒进货商或零售商，或要求顾客分担部分处理费用，是根本的解决之道。

（5）销售承诺

根据销售策略制定退货规则，如 7 天无理由退货等。

小组活动安排

小组成员共同讨论并制定超市退货作业原则，需要针对不同商品制定不同的退货原则，如日化类商品、生鲜类商品、电子类商品、服饰类商品等，并将制定的退货原则制作成 PPT 进行演示。

任务评价

评价分为两部分进行，第一部分为小组任务评分，第二部分为教师评分。

1. 小组任务评分

组长负责评价每个组员在实训过程中的表现，并根据如下标准进行评分，满分 40 分。

（1）态度：用心完成小组任务并能提出疑问；积极参与小组讨论，并主动阐述个人观点。

（2）协助：能积极帮助组内成员解决问题，与小组成员一起分享资源、观点，分担任务。

（3）沟通：认真聆听其他成员的观点，并与他们进行沟通，然后提出自己的观点。

（4）仪表：语言表达清晰、仪态自然。

（5）展示：愿意代表小组发言，能全面、准确汇报小组共同的学习成果。

评价表如表 5 –1 所示。

表 5 –1　　小组任务评价表

组别：　　　　　　　　　　组长：

小组成员	态度（5 分）	协助（10 分）	沟通（5 分）	仪表（10 分）	展示（10 分）

2. 教师评分

教师负责根据每组的任务完成情况进行量化评分，总分值为 60 分。详细评分标准如表 5 –2 所示。

表 5 - 2　　教师评价表

组别：

序号	评价标准	分数
1	能在规定时间内，小组合作完成工作任务并顺利展示成果，观点新颖完整，内容逻辑性强	50 ~ 60 分
2	能在规定时间内，小组合作完成工作任务，能进行成果展示，观点阐述清晰，表达清楚	40 ~ 49 分
3	能在教师或其他小组的帮助下完成工作任务并进行阐述	0 ~ 39 分

任务提升

美国零售业的逆向物流管理之路

2002 年，美国零售业的返品货物价值占商品零售总额的 6.3% 左右，从比例上看，返品占总体货物的比例虽不是太大，但其所拥有的价值绝不是小数目。不菲的返品价值不仅占据了巨额的流动资金，增加了商家和厂家的营销成本，而且牵扯了各个营销环节管理者的时间和精力。返品的处理实际上也造成了一定的社会生产力浪费。对返品的物流管理即是通常所说的逆向物流管理。

美国是较早将逆向物流管理科学化、系统化的国家。20 世纪 90 年代以前，美国零售业界通常也采取由商家自行向生产厂家退货的较原始的返品处理方式。这种方式不但效率低、工作量大，而且返品处理的费用也相当高。据统计，美国零售业原来每年的返品处理费用约占销售总成本的 4%。

1. 逆向物流管理的开端——返品中心

由于美国部分生产厂家不堪返品处理的烦恼，宁可在商品购销合同中预先约定扣除一定的返品比例，也不再接受返品。这也就是日后人们所熟知的“零返品”购销方式。世界著名的日化用品生产商宝洁公司就是“零返品”购销方式的积极倡导者。

从 1990 年开始，美国的一些大型连锁零售商为了提高返品处理效率，按照专门化和集约化的原则，仿照正向物流管理中的商品调配中心的形式，采用逆向思维，分区域设立“返品中心”以集中处理返品业务。这成为逆向物流管理的开端。

2. 返品中心的四个功能

美国许多大型连锁零售商在美国各地累计设立了近百个规模不等的返品中心。其中沃尔玛公司、凯玛特公司、宜家等较大的连锁零售商也都有自己的返品中心。此外，一些规模较小的连锁零售商则采取几家合伙的形式，设立返品中心。美国通过返品中心处理的返品已占返品总数的6成以上，集约化处理已成为逆向物流管理的主导方式。返品中心的主要功能有以下几个方面。

（1）接收系统内各零售商的所有返品。

（2）对返品进行甄别。

按照返品的实际状况把它们分为：可整修后重新销售、可降价批发销售、可向生产厂家退货、可作慈善捐赠用、可作废品利用及无利用价值等几类，并进行相关处理。返品中心内设有相当规模的再生工厂，把可整修后重新销售的返品进行整修、包装后重新融入正向物流销售系统。

（3）对返品涉及的资金往来进行统一结算。

（4）对各厂家、各零售商、各类商品的返品状况及产生原因、返品的变动趋势等信息进行综合统计分析，并及时向总部提交相关报告。

3. 返品中心对美国零售商的两大贡献

（1）它提高了返品的流通效率，降低了逆向物流耗费的成本，加速返品资金的回收。据分析，由于采用了返品的集中配送、返品票据的统一处理、发掘废弃商品残值等方式，逆向物流管理每年可为商家降低0.1%～0.3%的销售总成本，以沃尔玛公司为例，通过逆向物流管理曾经每年平均可节约资金7.3亿多美元。

（2）集中处理返品还可以大大减少零售商和生产厂家的工作量，充分利用零售商卖场空间，同时也有利于收集、掌握与返品相关的商业动态。

4. 逆向物流管理的新发展——专业化逆向物流管理公司出现

由于大型连锁零售商的脚步逐渐向边缘地区延伸，有些零售商的布局相对分散，不利于设立自己的返品中心对逆向物流实行集中管理。出于经济效益的考虑，一些大型连锁零售商委托第三方物流公司承担逆向物流管理业务。这些公司也由此逐步发展成为以逆向物流管理为主的专业化公司。专门从事逆向物流管理的公司在美国产生于20世纪90年代中期。比如Genco公司就是逐步发展起来的一个专业化逆向物流管理公司。Genco公司已经成为美国逆向物流管理业界的大型企业。

进入21世纪以后，专业化逆向物流管理公司的业务得到更加迅猛的发展。到2002年，仅Genco公司就已在美国各地拥有104个返品处理分中心，年处理返品量约达400万件。至2019年，北美十大连锁品牌中，有7家都与Genco公司建立过合作关系，委托该公司处理返品业务的签约商业伙伴超过1500家。

5. 专业化逆向物流管理公司的三大特点

专业化逆向物流管理公司的出现使逆向物流管理的科学化、集约化程度上升到一个新的高度。这些新型逆向物流管理公司有以下特点。

（1）同时为多个商家和厂家提供返品处理服务，使得逆向物流管理的规模化效应更加突出。如Genco公司同时为在某一地区内处于竞争关系的沃尔玛公司、凯玛特公司等多家零售商提供服务，甚至有些商家自己设立的返品中心也成了Genco公司的服务对象。

（2）专业分工更细，集约化与效率化程度更高。这些专业化逆向物流管理公司又派生出许多专门充当逆向物流经纪人的公司、专门的返品运输公司、专门的返品仓储公司、专门的返品整修公司、专门的残次品销售公司和专门填埋无价值返品的公司等，分别承担返品处理不同环节的业务。

（3）采用了更完善的专业管理技术，以最大限度地回收返品的经济价值。比如Genco公司将客户购货合同中涉及的返品合同条件，返品收发、储运、结算、统计等各个环节都纳入统一的计算机系统管理。该公司仅专门从事逆向物流管理软件开发的工程师就有70名，他们开发的逆向物流管理软件“R－log”已成为逆向物流管理业界使用最为普遍的计算机软件之一。

这些专业化逆向物流管理公司无疑代表着逆向物流管理的未来和方向。它们的出现也引起了日本、欧洲等零售业发达国家的重视。日本的一些零售商已经着手学习、引进美国的逆向物流管理方法，取得了较好的结果。对于我国的零售业界来说，学习、借鉴美国先进的逆向物流管理理念和技术，提高我国的逆向物流管理水平，同样也有着一定的积极意义。

任务二　退货标准

任务描述

超市经营了成千上万种商品，各种商品的物理特性不同，各超市经营人员的能力及素质也有差异，出现商品退货在所难免。但并不意味着售出的所有商品都可以无理由退货。本任务需要大家掌握超市退货标准。

任务目标

1. 了解超市退货须知。
2. 掌握超市退货标准。
3. 了解商品保修。

任务实施

知识准备

1. 超市退货须知

通常情况下，超市退货须知的内容如下。

（1）凡所购商品，如存在质量问题，持原始购物小票，自购买之日起 7 日内可办理退货手续（食品类商品除外）。

（2）退货手续一律在顾客服务中心办理。

（3）若商品不存在质量问题，请保证原包装完好无损及附件齐全（包括赠品），不影响二次销售的话，3 日内可办理退货。

（4）特殊性质的商品，非质量问题按规定不予退货。特殊性质的商品主要有以下几类。

①食品类、烟酒类、医药卫生类商品。

②贴身用品（内衣、泳装等）、清洁用品、化妆品等。

③贵重物品：金银、珠宝、玉器、钟表、高定服装等。

④光盘制品、玻璃制品、陶瓷制品、书籍等。

⑤消耗性商品：电池、胶卷等。

⑥处理品、促销品。

（5）退货商品价格一律按照购物原价给予处理。如对商品质量问题产生纠纷由主张方到国家市场监督管理总局相关机构或直属单位鉴定以确定责任，鉴定费由责任方承担。

（6）顾客与厂家销售方自行商定的退、换、修等处理方法，超市将不予干涉。

（7）超市自行经营的家电类商品及电子类商品按《中华人民共和国消费者权益保护法》的相关规定办理退货手续。

（8）因不可抗力（地震、水灾等自然灾害）对商品造成的损坏，超市将不予负责。

（9）使用、维修、保养不当或自行拆装造成损坏的商品不予退货。

（10）生鲜食品退货条件如下。

①生鲜食品销售后的8小时内可受理退货。

②已售食品剩下一半以下不受理退货。

③错价错码、涨包破包食品给予退货。

④生鲜食品藏有异物给予退货。

⑤生鲜食品存在质量问题可退货。

⑥冷冻食品解冻不能食用或超过保质期可退货。

2. 退货的一般性标准（见表5-3）

表5-3　　退货的一般性标准

序号	顾客退货商品的说明	是否退货
1	有质量问题的商品，在退货的时限内	是
2	有质量问题的商品，超出退货的时限，在换货时限内	否
3	有质量问题的商品，超出退换货的时限	否
4	一般性商品无质量问题，但不影响重新销售	否
5	一般性商品无质量问题，但有明显使用痕迹	否
6	经过顾客加工或特别为顾客加工后，无质量问题的商品	否
7	因顾客使用、维修、保养不当或自行拆装造成损坏的商品	否
8	商品售出后因自然灾害造成损坏	否
9	原包装损坏或遗失、配件不全或损坏、无保修卡的商品	否
10	属个人卫生用品	否
11	属门店出售的“清仓品”	否
12	属消耗性商品，如电池、胶卷	否
13	属化妆品（不包括一般性护肤品）	否

续　表

序号	顾客退货商品的说明	是否退货
14	香烟、中国白酒、进口洋酒	否
15	属无质量问题的已售出的生鲜食品	否
16	属赠品	否
17	无本门店的收银小票或发票的商品，或不是本门店售卖的商品	否

3. 商品保修

（1）保修商品：对于确实有质量问题符合国家有关法律规定在一定的购买时限内保修的商品。

（2）保修方式：商场提供保修地址、电话，顾客可自行联系厂家的保修部，让其提供保修业务。

小组活动安排

小组成员共同制定超市退货标准，需要针对不同退货作业环节和场所进行讨论，如日化区、生鲜区等，并从多个角度进行分析考虑。将制定的退货标准制作成 PPT 进行演示。

任务评价

评价分为两部分进行，第一部分为小组任务评分，第二部分为教师评分。

1. 小组任务评分

组长负责评价每个组员在实训过程中的表现，并根据如下标准进行评分，满分 40 分。

（1）态度：用心完成小组任务并能提出疑问；积极参与小组讨论，并主动阐述个人观点。

（2）协助：能积极帮助组内成员解决问题，与小组成员一起分享资源、观点，分担任务。

（3）沟通：认真聆听其他成员的观点，并与他们进行沟通，然后提出自己的观点。

（4）仪表：语言表达清晰、仪态自然。

（5）展示：愿意代表小组发言，能全面、准确汇报小组共同的学习成果。

评价表如表5－4所示。

表5－4　小组任务评价表

组别：　组长：

小组成员	态度（5分）	协助（10分）	沟通（5分）	仪表（10分）	展示（10分）

2. 教师评分

教师负责根据每组的任务完成情况进行量化评分，总分值为60分。详细评分标准如表5－5所示。

表5－5　教师评价表

组别：

序号	评价标准	分数
1	能在规定时间内，小组合作完成工作任务并顺利展示成果，观点新颖完整，内容逻辑性强	50～60分
2	能在规定时间内，小组合作完成工作任务，能进行成果展示，观点阐述清晰，表达清楚	40～49分
3	能在教师或其他小组的帮助下完成工作任务并进行阐述	0～39分

任务提升

门店直送商品退货

1. 门店直送商品退货的含义

门店直送商品退货指门店根据商品直送属性，直接将商品退回供应商的退货方式，退货商品范围包括残次品、淘汰品和临保商品。

2. 门店直送商品退货流程

（1）门店理货员填写商品退货通知单，按通知单要求填写供应商名称（编码）、退货日期、商品条码、品名规格、单位、数量、退货原因等内容（一式三联），并在“点验”栏内签字确认。

（2）供应商代表根据退货通知单验收退货商品，如有修改，供应商代表和门店理货员双方在修改处签字确认；验收完毕后由供应商代表在“接收退货”栏内签字确认。

（3）门店理货员持退货通知单到门店办公室交给值班店长，由值班店长对退货商品的真实性、准确性进行抽查后在退货通知单“主管”栏内签字确认，值班店长抽查比率不低于20%。

（4）值班店长将退货通知单交给录单员或直接制作返厂单；集镇、社区店由值班店长或组长制作返厂单（一式两份）。

（5）值班店长、供应商代表复核返厂单与退货通知单是否一致，双方均在返厂单（一式两份）上签字确认。

（6）综超门店或标超门店的供应商代表持返厂单从门店收货口或进口处离开，门店防损员（专职验收员）按返厂单对退货商品进行复核，签字确认后放行；集镇、社区店由值班店长或组长持返厂单复核退货商品后，亲自送出。

（7）通知供应商门店要退货，如果供应商在通知结束10天后仍未到门店处理退货的，由门店上报采购部，采购部根据购销与合作协议负责联络供应商执行商品退货办法，并在3天内回复门店，告知操作办法。

任务三　退货流程

任务描述

通过这段时间对超市物流的学习，小王对超市的业态有了一定的认识，了解了与超市相关的一部分知识，接下来小王希望对超市的退货流程进行深入学习，小王在思考：一般超市的退货流程是怎样的呢？

任务目标

1. 掌握超市退货作业流程。
2. 掌握超市退货商品的信息系统资料处理程序。

任务实施

知识准备

1. 退货作业流程

退货作业包括退货验收、退货整理、良品入库、拒收和不良品退仓五项内容。退货作业流程如图5－1所示。

（1）退货验收作业

退货收货员根据配送员带回来的退货单核对退货商品名称、数量、规格、保质期等信息，若实际商品与退货单信息不一致，找配送员进行差异处理，并对回单进行确认。

（2）退货整理作业

退货整理员将退货收货员验收好的商品按供应商、生产日期、商品状态分类整理，装入物流箱中。然后用RF（射频）终端扫描退货商品，根据RF终端显示的信息对归属不同类别的商品进行分类。

（3）良品入库作业

分类整理好的退货良品，交入库上架员验收。入库上架员核对退货良品名称、数量、规格、保质期等信息，并审核是否符合上架条件，确认无误后用RF终端扫描良品条码，并根据RF终端提示信息，将商品放入指定货架和货位，存放好商品后扫描货位条码。

（4）拒收作业

对于不符合退货条件的商品，退货整理员整理后由配送员带回给客户并附带拒收原因说明。

（5）不良品退仓作业

不良品移交供应商，供应商审核退货，若发现不符合退货条件，与退货部处理差异，符合退货条件的商品退回供应商。

2. 超市退货商品的信息系统资料处理程序

（1）总部退货商品的信息系统资料处理程序

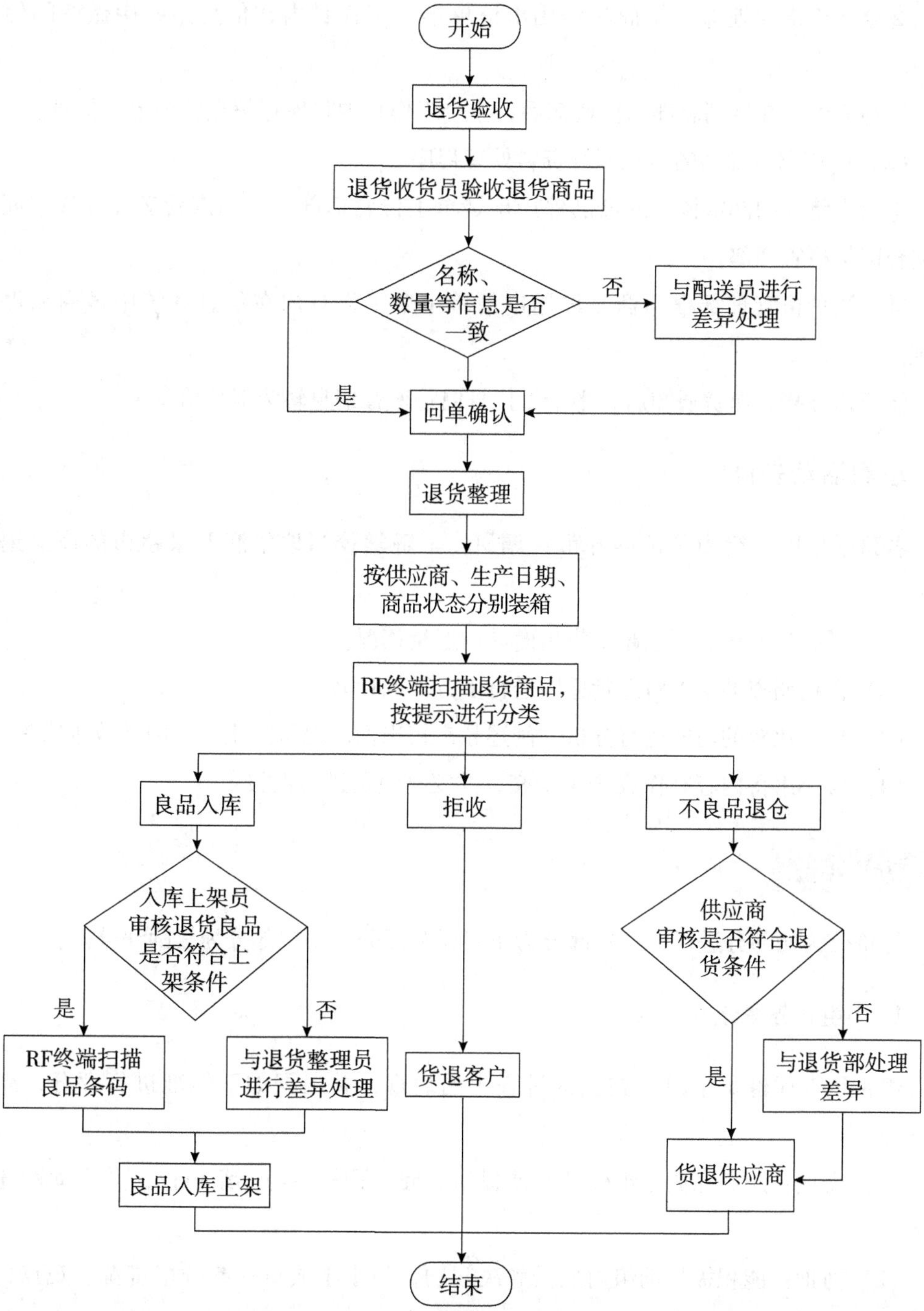

图 5－1　退货作业流程

①采购部下发退货通知前，填写商品停用申请单，经采购部经理签字同意后交合同价格管理部。

②合同价格管理部根据商品停用申请单半个工作日内在信息系统中做商品停用处理。

③物流中心在接到总部退货通知后，半个工作日内将库存信息转为退货信息。

（2）门店退货商品的信息系统资料处理程序

①门店将采购部审核后的商品停用申请单上传营运部，经门店营运经理签字同意后交合同价格管理部。

②合同价格管理部根据商品停用申请单半个工作日内在信息系统中做商品停用处理。

③门店在接到退货通知后，半个工作日内将库存信息转为退货信息。

小组活动安排

各班学生以小组为单位展开市场调研，了解学校当地华润万家超市的商品退货情况。

（1）了解当地华润万家超市售出商品的退货情况。

（2）根据调查的结果对退货原因进行多方面的比较。

（3）根据比较的内容进行分析，阐述超市售出商品退货的主要原因及改进措施。

（4）各小组将内容制作成 PPT 上交，并安排组员进行汇报。

任务评价

评价分为两部分进行，第一部分为小组任务评分，第二部分为教师评分。

1. 小组任务评分

组长负责评价每个组员在实训过程中的表现，并根据如下标准进行评分，满分 40 分。

（1）态度：用心完成小组任务并能提出疑问；积极参与小组讨论，并主动阐述个人观点。

（2）协助：能积极帮助组内成员解决问题，与小组成员一起分享资源、观点，分担任务。

（3）沟通：认真聆听其他成员的观点，并与他们进行沟通，然后提出自己的观点。

（4）仪表：语言表达清晰、仪态自然。

（5）展示：愿意代表小组发言，能全面、准确汇报小组共同的学习成果。

评价表如表 5－6 所示。

表 5－6　　小组任务评价表

组别：　　　　　　　　　　　　　　　　　　组长：

小组成员	态度（5 分）	协助（10 分）	沟通（5 分）	仪表（10 分）	展示（10 分）

2. 教师评分

教师负责根据每组的任务完成情况进行量化评分，总分值为 60 分。详细评分标准如表 5－7 所示。

表 5－7　　教师评价表

组别：

序号	评价标准	分数
1	能在规定时间内，小组合作完成工作任务并顺利展示成果，观点新颖完整，内容逻辑性强	50～60 分
2	能在规定时间内，小组合作完成工作任务，能进行成果展示，观点阐述清晰，表达清楚	40～49 分
3	能在教师或其他小组的帮助下完成工作任务并进行阐述	0～39 分

任务提升

退货风险防范

门店、物流中心和采购部均要加强退货风险防范意识，按规定流程退货。本文所述退货风险防范的对象是指除残次品、采购部主动退货商品外的其他各类正常商品。

1. 门店直送商品退货风险防范

（1）门店根据库存状况，主动对部分滞销、积压、换季等直送属性商品进行退货时，单笔退货金额高于 1000 元（含）的，以书面形式向采购部申请，采购部经理同意后方可实施退货。

（2）供应商不得私自到门店进行商品退货，确有需要的由供应商先行与采购部协商，经采购部同意后，开具正常商品退货同意单，门店见单后方可实施退货。

2. 物流中心商品退货风险防范

（1）物流中心正常库区的非质量问题商品的退货权限由采购部执行。

（2）采购部根据物流中心库存状况，及时清退滞销、积压、换季商品，与供应商协调后，开具正常商品退货同意单，物流中心见单后方可实施退货。

（3）严禁供应商私自到物流中心正常库区进行商品退货。

3. 采购部退货风险防范

采购部对退货风险防范负最后审核责任，加强与财务部的沟通，防止应付账款出现倒挂。

（1）采购部在接收到门店或供应商的退货申请时，须及时与财务部门核对该供应商的应付账款和应收账款状况，确认无倒挂后方可批准门店或供应商的退货申请。

（2）采购部主动清退物流中心正常库区商品或下发供应商清场、商品换季、整体淘汰等业务通知时，须先与财务部门核对该供应商的应付账款和应收账款状况，确认无倒挂后方可实施退货和下发通知。

项目六 超市信息系统

项目教学目标

1. 了解 WMS 系统原理。
2. 掌握 WMS 系统的基本操作。
3. 了解 POS 系统原理。
4. 掌握 POS 系统的基本操作。

任务一 WMS 系统

任务描述

WMS 系统即仓储管理系统，广泛应用于各行各业的仓储作业系统中。利用仓储管理系统进行商品出入库控制以及库存管理作业，通过系统的监控控制作业动态及作业统计，是仓储管理信息化的重要手段及工具。WMS 系统是如何进行系统管理的？WMS 系统可以给仓库管理带来哪些好处？如何熟练地掌握一套 WMS 系统的操作技巧？带着这些问题学习 WMS 系统的相关内容。

任务目标

1. 了解 WMS 系统的概念。
2. 掌握 WMS 系统的基本模块。
3. 掌握 WMS 系统各模块的功能。
4. 掌握 WMS 系统的基本操作。

任务实施

知识准备

1. 仓储管理系统概述

仓储管理以及仓储作业管理系统一般统称为仓储管理系统（Warehouse Management System，WMS）。仓储管理系统是指用来管理仓库内商品信息的系统，它通过单据打印和商品信息数据管理，对商品进行实时动态管理，为用户在制订生产和销售计划、及时调整市场策略等方面提供持续性、综合性的参考信息。

仓储管理系统管理的内容应该包括三个部分：仓储系统的布局、库存最优控制、仓储作业操作。这是三个层面的问题，彼此又有联系。

（1）仓储系统的布局

仓储系统的布局是顶层设计，也是供应链设计的核心。把一个复杂纷乱的物流系统通过枢纽的布局设计改造成为“干线运输＋区域配送”的模式，其中枢纽就是以仓库为基地的配送中心。在相应的信息系统设计中，表现为“联库管理”的模式，分为集中式、分布式和混合式三类，其中配送中心的选择和设计是整个系统布局的关键。这部分内容通常包含在WMS系统之中，对于布局设计变化的适应性、通用性也会成为选择WMS系统的一个重要依据。

（2）库存最优控制

库存最优控制是仓库的商业模式的体现，要根据上一层设计的要求确定本仓库的管理目标和管理模式。如果是供应链上的一个成本中心，多以服务质量、运营成本为控制目标，追求合理库存甚至零库存；如果是独立核算的利润中心，则是完全不同的管理目标和管理模式，除了服务质量、运营成本，更关心利润的核算，因此计费系统和客户关系管理成为其中极其重要的部分，还在计费系统中固化市场营销的战略和策略。

（3）仓储作业操作

仓储作业操作是最基础的部分，也是所有WMS系统最具有共性的部分，正因如此，仓储作业的操作信息化部分成为WMS系统与其他管理系统，如进销存、ERP（企业资源计划）等系统相区别的标志。这部分内容不仅要根据上一层确定的管理目标和管理模式落实为操作流程，还要与众多的专用仓储设备自动控制系统相衔接，所以是技术上最复杂的部分。国产WMS系统与国外先进的仓储系统相比，最大的差距可能也就在这里，市场价格会相差数十倍、上百倍，也是技术上的原因。

仓储管理系统的应用能够为企业带来以下效益。

①无纸化的操作，减少纸张的开销。

②条码识别的准确率高，减少人为的错误输入。

③提高库存的准确率。

④物流环节更加快速、高效。

⑤有效利用库存空间，降低运营成本。

⑥各种当前和历史业务的统计报表为决策者提供准确、有用的信息。

⑦数据交换接口的连通，增强企业现有应用系统的管理。

⑧有效的库存管理和控制（Just - in - Time，JIT），减少额外的采购，同时保证库存量满足客户订货或生产计划的需要。

⑨记录员工完成工作所花费的时间，掌握员工的工作效率，加强对员工的管理。

⑩使得企业仓库的管理工作跨上一个新的台阶，为生产部门的指挥决策提供更有价值、更具时效性的分析数据。

⑪将单据所需的大量文字信息转换成电子数据，简化了日后的查询步骤，员工不用再手工翻阅查找各种登记册和单据本，只需输入查询条件，系统在很短的时间内就会查到所需记录，并将内容显示在屏幕上，大大加快了查询速度。提高数据统计的准确率，降低统计人员的工作难度。

2. 仓储管理系统基本模块

随着企业规模扩大，商品结构越来越复杂，且整个市场对商品的个性化要求也日益提高，随之而来的问题是如何存储这些商品，如何在需要这些商品的时候迅速地找到它们，如何利用有限的仓储面积存储更多的商品，如何合理配置商品品项以最低的品项数和库存数满足市场的需要，以及如何安排仓库门口的装卸作业能够迅速准确地完成仓储作业等。

先进的 WMS 系统可以根据现场变化的数据信息实时调整作业计划，使整个作业计划安排能够达到最佳效果。图 6 - 1 是物流中心典型的 WMS 系统硬件架构，图 6 - 2 是 WMS 系统主要业务。在自动生成物流作业计划的时候，所考虑的因素主要有品项特性（是否对存储和搬运有特殊要求）、储位分布以及储位分配情况、仓储作业面积、操作人员数量以及操作人员的训练程度、作业允许的时间、客户给定的服务时间、仓储设备的运行状况等。另外，某些 WMS 系统采用了 Rule Base（规则库）或 Knowledge Base（知识库）技术，将人们在实际仓储作业中的优秀经验整合到系统作业管理系统中，使系统能够充分整合现有的仓储资源达到作业效率的最优化，另外 WMS 系统还要支持仓库内所有的自动化设备。

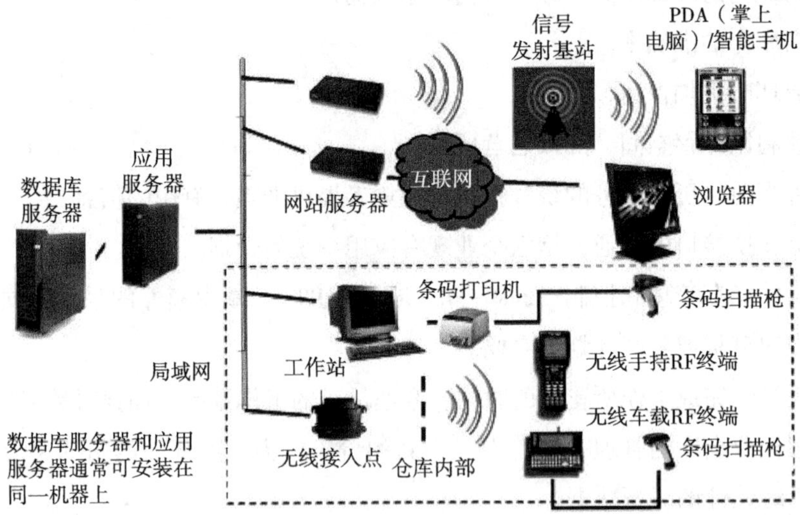

图 6－1　WMS 系统硬件架构

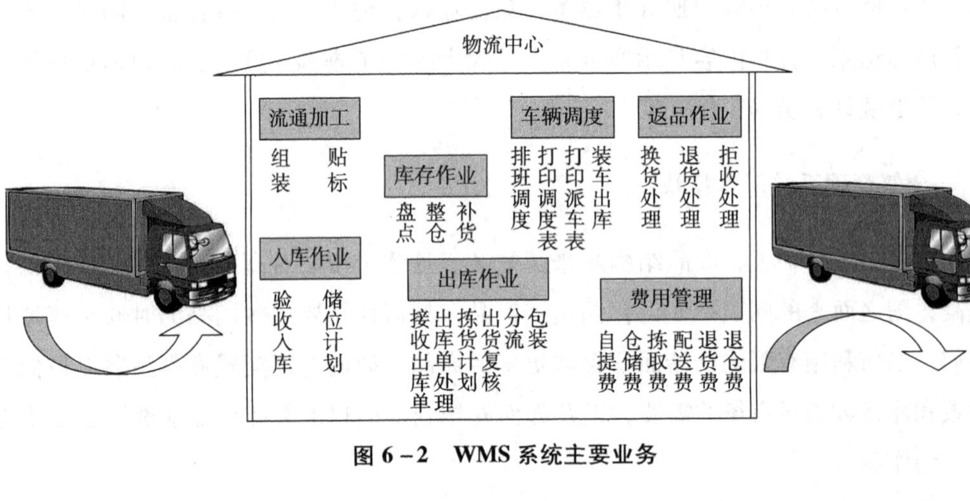

图 6－2　WMS 系统主要业务

从功能上划分，一个基本的 WMS 系统主要包括基础资料、入库管理、出库管理、派车管理、库存管理、返品管理等模块，有的 WMS 系统还包括车辆调度模块。

3. 仓储管理系统基本操作介绍

（1）基础资料

①概述。

WMS 系统涉及的各类基础资料，管理员可通过此模块实现对系统各资源的统一管理、维护等。

②模块功能。

基础资料模块提供以下功能。

a. 对各厂商的商品信息的维护，如根据厂商要求设置其商品的安全库存，并可以供各厂商查询其商品信息。

b. 对各厂商的配送点信息的维护，可以根据厂商信息查询其配送点信息。

c. 对厂商信息的维护，如厂商的地址、电话、传真、联系人等。

d. 对配送中心各类人员信息的维护，此模块中包含操作人员信息。

e. 对车辆信息的维护，如车辆的司机、搬运员、体积、载重等参数。

f. 对储位信息的维护，包括储位的初始化、批量生成等。

g. 对物流箱信息的各种维护，如物流箱的长、宽、高、体积等参数。

h. 根据配送点所属区域，设置区域信息等，这是系统自动派车的前提。

i. 设置系统中所涉及的各种参数，如商品的分类、工作人员的分类、车辆的分类等。

j. 设置仓库的各种参数，如仓库的搭建、布局等。

（2）入库管理

①概述。

入库管理模块是物流配送中心的首要模块，在该模块中严格把握好厂商供货。在实际作业中，建议采用 RF 终端扫描条码确认验收入库。在入库管理模块中有两种情况：厂商送货到第三方物流公司配送中心；第三方物流公司配送中心到厂商自提货物。WMS 系统入库作业流程如图 6－3 所示。

②模块功能。

入库管理模块提供以下功能。

a. 对厂商供货或自提商品进行验收入库，并维护准确的生产日期。

b. 对当日验收入库的商品进行储位管理，可以通过人工指派或者根据系统指派，将货物存放到某个准确的储位。可以使用 RF 终端进行储位操作。

c. 对货物入库信息进行查询。包括厂商送货和配送中心自提的信息查询。

d. 对厂商送货通知单中的商品进行详细查询。

（3）出库管理

①概述。

出库作业是物流配送中心最重要、最核心的模块之一，因为出货的准时性直接关系到企业服务质量，出货的准确性将直接影响库存信息的准确性。根据厂商的出库单

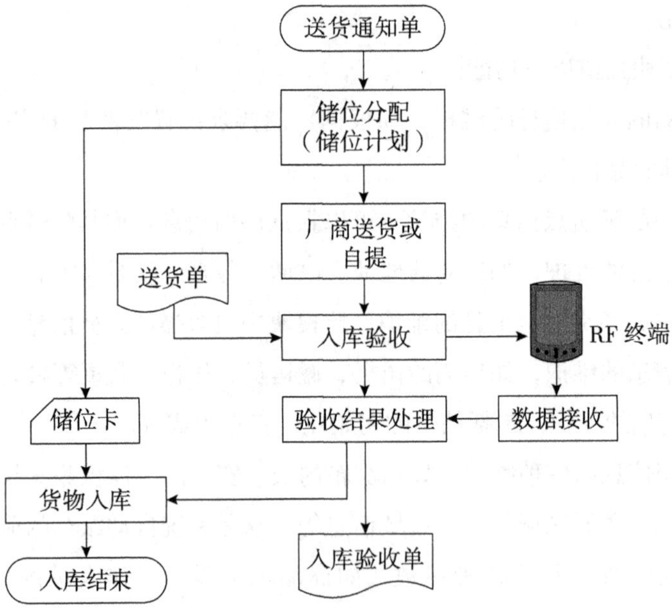

图 6－3　WMS 系统入库作业流程

在该厂商的存储区进行拣货出库，通常有两种拣货模式：一种是二段式拣货，也叫播种式拣货，先拣取总量，然后根据配送点要货信息进行分货；另一种是摘取式拣货，即直接根据配送点要货信息拣取商品。WMS 系统出库作业流程如图 6－4 所示。

②模块功能。

出库管理模块提供以下功能。

a. 根据厂商名称查询厂商出库单的详细内容及打印厂商出库单的功能。

b. 对调拨单进行准确处理。

c. 根据厂商的出库单及配送中心的库存量生成准确的拣货单，拣货作业人员根据拣货单准确拣货，或者通过 CAPS（Call Attempts Per Second，每秒建立呼叫数次）系统进行播种式/摘取式拣货。根据厂商的具体要求出库。

d. 针对拣货作业人员在拣货作业过程产生的差异进行处理，以确保库存准确。

e. 对拆零商品根据不同配送点分别装箱处理，打印装箱明细单，并对物流箱进行管控。

f. 对司机配送全过程信息进行管理（如到达配送点时间、离开配送点时间等）。

g. 回单确认功能，并通过计费设定来审核配送费、管理装箱费等。

（4）派车管理

①概述。

作为第三方物流公司运作的核心，运输的有效运作，将会为需要第三方物流公司

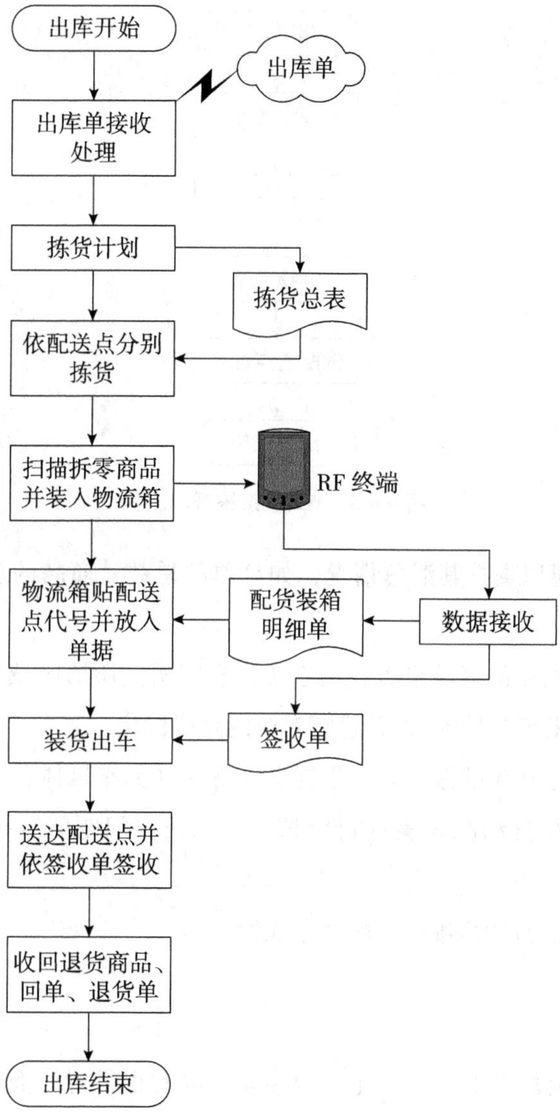

图 6-4　WMS 系统出库作业流程

提供服务的企业节约大量的成本，同时也会为第三方物流公司自身带来很高的利润。此模块针对运输过程中的驾驶员、搬运员、车辆、货物、客户以及费用核算进行有效协调和管理，实现各种资源的实时控制、协调管理，增强公司的竞争实力，为客户提供更加完善的服务。WMS 系统派车流程如图 6-5 所示。

②模块功能。

派车管理模块提供以下功能。

a. 准确过滤订单，如根据需要过滤出当天要配送的订单、过滤出厂商的具体配送

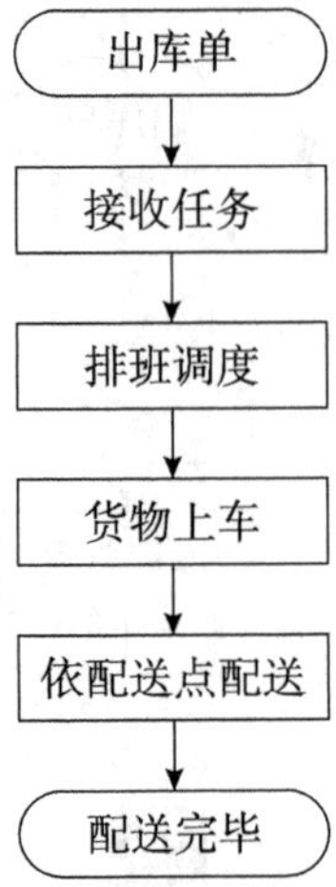

图 6－5　WMS 系统派车流程

点订单等。同时也可以查看其汇总情况，如订单的总数、商品的总件数、配送点的订货总数等。

b. 根据基本资料中的区域设置，由系统根据配送点所属区域自动派车，产生相对应的各种单号（如出车单号等），并进行对应的路线优化。

c. 根据系统自动产生的派车表，根据实际情况（如车辆体积等）调整不同单据所属车辆等，并对系统自动派车表进行审核，如无任何问题就直接保存，生成实际派车表。

d. 提供、查询、打印详细的实际派车表等。

（5）库存管理

①概述。

库存管理是物流配送中心的一个重要模块，同时也是对厂商服务的重要保证。如何对储位进行有效管控，直接影响到拣货作业人员的拣货效率。准确管控物流配送中心库存的方法之一是盘点，常用的盘点方式有以下几种：第一，根据厂商要求进行盘点；第二，每天对当天出货的储位进行盘点，与储位信息的数量相比对；第三，每月盘点，进行盘盈盘亏处理；第四，由电脑打印随机储位进行盘点。在库存管理模块中，应该按厂商进行商品分类存储、拣取，不同厂商的商品在空间上是相互独立的，不可交叉存放。WMS 系统库存管理流程如图 6－6 所示。

②模块功能。

库存管理模块提供以下功能。

a. 通过授权来修改储位信息。如储位数量、状态等。

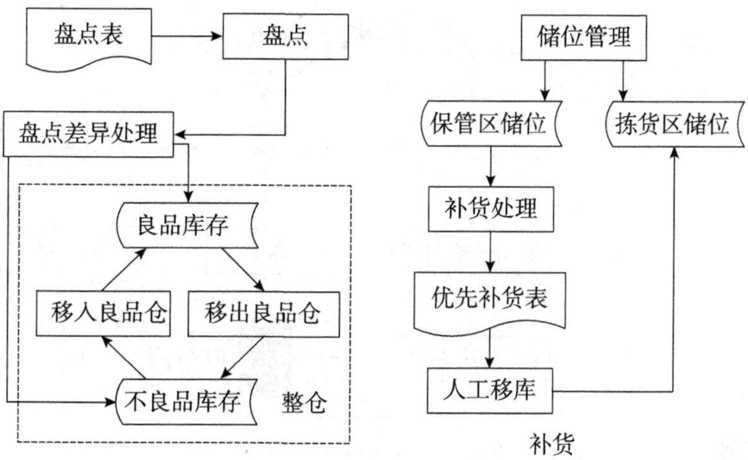

图 6-6　WMS 系统库存管理流程

b. 对需要补货的储位提供系统自动生成的优先补货表。

c. 提供仓库之间的商品移动处理功能。

d. 提供整仓功能，可以把商品从良品仓转到不良品仓或者从不良品仓转到良品仓等。

e. 提供对商品进行损溢查询的功能。

f. 根据条件提供生成盘点表、打印盘点表、输入盘点数据等功能。

g. 对盘点的数据进行处理，生成盘盈盘亏表。

h. 根据用户的查询条件提供移库查询功能。

i. 提供详细的库存信息、储位信息、盘点差异信息等查询功能。

（6）返品管理

①概述。

返品作业是物流配送中心的一个重要作业环节，正在被越来越多的企业所重视，原因有两点，其一，返品并不只是传统意义上的残次品，还包括大量的良品，通过退货作业人员的分类整理，可以很快地再次进入流通环节，加快了商品的流转速度；其二，物流配送中心良好的返品处理能力可以解除客户的后顾之忧，提高客户满意度。然而，良好的返品处理能力需要信息系统的支持，通过信息系统对返品的精细管理可以提高商品的处理水平，加快企业资金流的运转速度。WMS 系统返品作业流程如图 6-7 所示。

②模块功能。

返品管理提供以下功能。

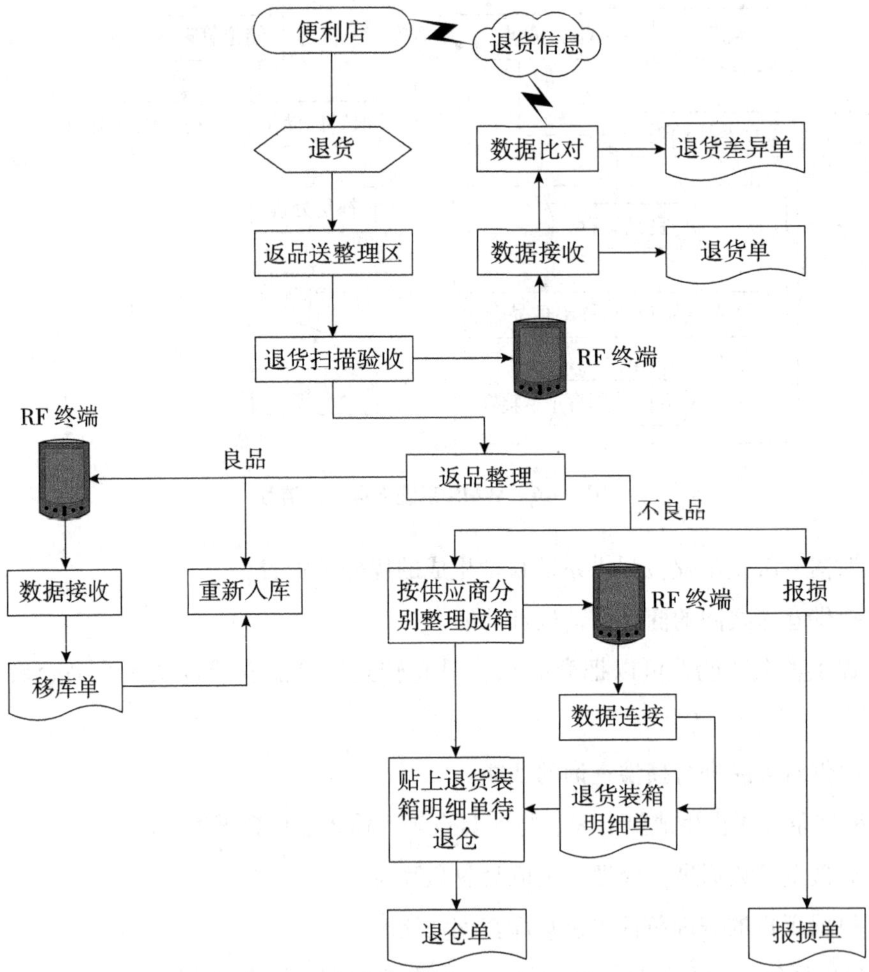

图 6－7　WMS 系统返品作业流程

a. 提供从配送点退回物流配送中心的商品信息的管理、查询、打印等功能。

b. 提供要退回厂商的残次品信息的管理、查询、打印等功能。

c. 根据退货商品及各厂商计费设定参数，审核时自动计算其厂商退货费。

d. 根据退仓商品及各厂商计费设定参数，审核时自动计算其厂商退仓费。

e. 提供从客户退回物流配送中心的已损坏商品信息的管理、查询、打印等功能。

小组活动安排

教师提供 WMS 系统教学软件，为每个小组及其成员分配操作任务，并提供 WMS 系统操作题目，要求各成员独立完成系统操作，操作完毕后系统自动进行评分。

任务评价

评价标准包括时间及质量两部分，以在规定时间内完成的比例由 WMS 系统自动进行评分。

任务提升

华联超市物流中心 WMS 系统信息化

华联超市与海鼎公司携手，采用海鼎公司开发的 WMS 系统对华联超市物流中心进行信息化改革。在海鼎公司项目组与华联超市物流人员的共同努力下，WMS 系统顺利上线。新系统实施后，项目组与物流人员一起跟踪分析业务流程中的节点，发现瓶颈，进行梳理，半年后整个物流中心的管理和业务能力都有了全面的提升，华联超市物流中心从成本中心顺利转为利润中心，从配送中心顺利转为供应链中心，如今的华联超市物流中心已成为同行争相参观学习的对象。

由于原物流系统开发较早，已不能满足配送中心日益增长的进货和配货需求，不能满足物流人员提出的可靠、高效的管理要求，华联超市迫切希望通过实施信息化改革来提升自身的核心竞争力，打造一个高效快捷、配货差错率小的现代化物流中心。

1. 华联超市物流中心信息化建设需要解决的几个问题

（1）配送费率高

此前，华联超市物流中心的配送费率约为 2.41%，配送费为 2650 万元/年，配送商品价值总额为 11 亿元/年。

（2）配货差错率高

此前，华联超市物流中心的配货差错率高，配货差错主要表现为门店间串货，当前物流中心现场有两个人专门处理串货问题。

（3）供应商送货到达率波动大

由于 MIS 系统（管理信息系统）和 WMS 系统里都没有对订单进行管理，供应商可在 3 天内自由选择送货日期，导致每天的收货量难以控制，收货的波峰、波谷无法调节，场地、人员无法做到合理分配。

（4）门店订单满足率低

由于供应商送货没有严格控制到某天，所以商品库存不能保持在一个合理的水平，而且库内人员作业效率低，排车花费时间长，导致门店订单满足率一直徘徊不前。

（5）作业人员效率低

作业人员收货速度慢，经常加班。6万~7万件货收到晚上9点完成，特卖会期间要收到凌晨。拣货速度也慢，日均作业量达476件/人，4万~5万件货要在晚上10点才能完成分拣。

2. 华联超市物流中心信息化建设的目标

（1）解决上述提到的困扰公司发展的问题，降低配送费率、配货差错率，提高供应商送货到达率、门店订单满足率、作业人员效率等。

①配送费率。

通过系统对物流中心整个作业流程进行全程监控，对每个节点进行资源分析，找出瓶颈、梳理流程，提高商品库存周转率，在保证门店订单满足率的前提下，降低配送成本。

②配货差错率。

通过电子标签拣货，一件商品一个标签，并通过拣货复核、集货监控等多种方式，控制配货差错率。

③供应商送货到达率。

通过订单管理，以及对配送商品的出货分析，系统为每次订货提供科学的参考数据，同时，把供应商的送货时间具体到某天的上午、下午，对于不按时送货的供应商可在合同条款里写明处罚规定，以平衡每天的收货数量，有效提高供应商送货到达率。

④门店订单满足率。

通过对商品的出入库分析、门店销售分析以及主动分货、越库配货等多种方式来提高门店订单满足率。

⑤作业人员效率。

通过计件工资管理，多劳多得，提高作业人员效率，从而减少库内作业人数，降低人力成本。

（2）以信息技术为基础，实现物流、资金流运作流畅，使华联超市物流中心从成本中心转为利润中心、从配送中心转为供应链中心。

3. 信息化解决方案简介

海鼎公司开发的WMS系统包含了采购入库、配货出库、客户退货入库、供应商退货出库以及仓库内部管理五大功能模块，此外，在WMS系统中还内嵌了强大的运输管理系统以及相关的车辆、配件管理等功能。

第一阶段：降低配货差错率与配送费率。通过帕累托分析、优化拣货路线以及采用标签拣选，来加快拣货速度、减少配货差错率；通过排车管理，提高车辆装载率、优化送货路线、减少运输成本等降低配送费率。

第二阶段：提高供应商送货到达率。引入订单管理，先进的进货订单管理模块，可以避免盲目进货造成的货位紧张，也可以改进无序进货带来的人员安排不合理现状，从而降低作业成本。

（1）从源头上控制进货量，均衡库内作业。

供应商根据订单所规定的送货量及指定日期分别按上午、下午的批次送货，有效控制了库存，确保有足够的货位。

（2）有效控制供应商的送货到达率。

每个订单员通过系统提供的到达率报表监督供应商的到货情况，通过对供应商送货到达率的分析，定期考核供应商，必要时对其进行处罚来提高送货到达率。

第三阶段：减少库存周转天数。WMS系统具有完善的库存跟踪和计算系统，实时、准确地反映真实库存，高效地管理大型仓库和物流中心。

（1）货位管理：通过严格的货位管理，每一个商品都对应一个准确的拣货位，系统提供精确的出库建议和入库上架建议，配合功能强大的各种库存查询功能提高拣货和理货的工作效率。

（2）批次控制：系统提供了先进先出和指定批次的出货管理功能，大幅提高库存管理水平，降低库存损耗。同时，严格的先进先出配货也为门店的退货提供了保障。

（3）通过越库、商品库存、商品出入库分析，辅助优化订货模式与库存模式，减少库存周转天数。越库拣货往往具有品种少、货量大、库存周转时间短的特点。对于这些商品收货时就没必要上架到正常仓的储位，而是直接收到中转仓，然后在中转仓内进行配货出库。所以在仓库面积资源有限的约束条件下，在不减少门店经营品种的前提下，通过对商品库存、商品出入库等信息的分析，调整储位，利用越库作业大大减少仓库库存商品品种，有效达到加快库存周转率的目的。

第四阶段：提高门店订单满足率。通过物流中心出入库分析、门店销售趋势分析，采购员的主动分货，对季节性商品进行越库配货，排车管理，辅助优化的订单模式、门店配货模式等多种方式来提高门店订单满足率。

第五阶段：降低运输与车辆管理成本。WMS系统借助TMS系统（运输管理系统）

提供了强大的运输管理与分析功能，通过“行车线路管理”“车辆管理”“加油卡管理”“排车管理”“出车登记管理”“装车登记管理”“回车登记管理”“车辆费用管理”等管理工具进行系统规范的控制，有效地提高管理水平，控制运费，降低成本。

4. 系统实施后的应用效果

（1）极大地调动了员工的工作积极性。

由于实行了计件工资管理，每个一线员工的作业量都在系统中予以统计，制定计件标准，多劳多得，作业员工全力投入工作，不用过多管理，现场作业就能够井然有序。到年底库内作业人员总体减少，大大降低了人力成本。

（2）激发了门店真实的潜在进货需求量。

新系统改革了门店采购模式，转变了原来门店按库存采购的方式，让门店完全按需求采购，不用考虑配送中心是否有库存。在新系统的支持下，年底门店订单满足率达到95%。

（3）对供应商的送货、订单员的订货进行了有效监督和管理。

引入订单管理后，供应商按照订单所规定的送货量及指定日期送货，有效地均衡了库内作业，控制了库存；同时，每个订单员通过系统提供的到达率报表监督供应商的到货情况，使得业务合同的处罚规定有据可依。一方面能考核订单员的订货数量和订货时机，另一方面也让订单员了解自己工作的不足之处。

（4）收货的准确率大幅度提高。

收货预检、实收验货与最终的审核收货单工作都通过双方当场核实，核实无误后供应商签字，打印的收货单作为结算依据，收货的准确率大幅度提高了。

（5）系统更好地支持了业务的多样性。

系统支持多种配货限量控制，既有针对门店类型的配货限量控制，也有针对业务类型的配货限量控制，如正常配货、批发配货、特卖会配货；同时以ID卡（身份识别卡）启动标签拣货，从而实现拣货差错、串位、破损落实到人。

（6）拣货作业效率大幅度提高。

采用计件工资管理，激发了员工的积极性，采用标签拣货以及优化拣货路线，极大地提高了拣货人员的作业效率。新系统上线四个月后，4万~5万件货在下午6点即可完成分拣，比新系统上线前提前了4个小时。

（7）对加盟店资金的控制实现了自动化。

配货过程中，新系统自动执行资金控制，既支持“有多少钱、配多少货”的模式，也支持一个门店多个资金账户，如香烟资金控制、特卖会资金控制、生鲜商品资金控制、特供商品资金控制等，按加盟店需要，自行增加；同时也支持多个账户之间资金的自动转账。

(8) 改革了自提加盟店的配货方式，减少长时间被加盟店锁定的库存。

在原系统中，自提加盟店只要上传要货信息后库存就被锁定，即使加盟店不提货，其他加盟店也不能利用此资源。

新系统实行提前一天预约锁定库存，最大限度利用库存资源，华联超市预安排库存、拣货员、出货码头等资源。而且是车到后凭行驶证当场配货，解决了因配货场地有限而导致的配货延迟问题。

(9) 通过开设特卖会配货计划模块，特卖会期间的混乱状况减少。

新系统根据特卖会配货计划，自动导入特卖会订货计划、拣货计划。对特卖会要货信息，新系统按照提前三天的备货原则，将加盟店三天后的需求量按目前库存及出货情况进行预估，提供建议进货量，避免了订单员的盲目进货。

(10) 大幅度减少了排车作业时间。

优化所有送货路线，按送货顺序维护路线上的排车信息。系统提供自动排车功能，同时也允许人工调整排车结果，每天的配车时间由原来的2.5小时缩短到约1小时即可完成。排车信息通过OA（办公自动化）系统公布给门店，让门店及时了解到货量、送货时间、排车、司机等信息。改善了以前门店对送货信息一无所知的局面。而且司机出车、回车通过刷卡登记，也为司机的考核提供了有效依据。

任务二　POS系统

任务描述

现代社会，进入任何一种商业业态下的门店，均会发现收银机的身影。在超市里，顾客到收银通道后，收银员使用扫描枪依次扫描商品，确定商品价格及数量，并计算出购买商品总金额进行结算；顾客进入某个便利店，通常在收银系统上操作即可完成下单作业，系统确认后即可进行结账作业。通过收银系统的设计减少了人工下单和人工结账的计算程序，给消费活动带来了极大的便利。为何现在普遍使用收银机？其对应的收银系统如何运作？为企业带来何种好处？

任务目标

1. 掌握 POS 系统的概念及基本功能。
2. 掌握 POS 系统的系统结构。
3. 掌握 POS 系统的操作。

任务实施

知识准备

1. POS 系统概述及功能

POS（Point of Sale）系统，即销售时点信息系统，是指通过自动读取设备（如收银机）在销售商品时直接读取商品销售信息（如品名、单价、销售数量、销售时间、销售店铺、购买顾客等），并通过通信网络和计算机系统传送至有关部门进行分析加工以提高经营效率的系统。POS 系统最早应用于零售业，之后逐渐扩展至其他行业，如金融、旅游等服务行业，应用 POS 系统的范围也从企业内部扩展到整个供应链。

POS 系统在使用时主要有以下功能。

（1）收银员识别功能

收银员识别功能指收银员必须在工作前登录系统才能进行终端操作，即门店中的收银员都实行统一编号，每一个收银员都有一个 ID（账号）和密码，只有收银员输入了正确的 ID 和密码后，才能进入“销售屏幕”进行操作。在交接班结束时，收银员必须退出系统以便让其他收银员使用该终端。如果收银员在操作时需要暂时离开终端，可以使终端处于“登出”或“关闭”状态，在返回时重新登录。

（2）多种销售功能

POS 系统有多种销售方式，收银员在操作时可根据需要，选择各种销售方式来实现以下特殊功能。

①优惠功能：优惠折扣商品或交易本身特价许可等，应进行权限检查。

②销售交易更正功能：包括清除功能、交易取消功能。

③退货功能：通常收银员无该种商品交易的权限需管理人员来完成。

④挂账功能：是指在当前交易未结束的状态下保留交易数据，再进行下一笔交易的收银操作。

（3）多种方式的付款功能

付款方式主要有现金、支票、信用卡等，POS 系统具备多种付款方式的设置功能。

（4）其他功能

①票据查询功能：查询范围可以是某时间段内的全部交易情况，也可以是某时间点的交易情况。

②报表查询功能：根据收银机本身的销售数据制作出一些简单的报表，并打印出来。报表包括结款表、柜组对账表等。

③前台盘点功能：盘点的过程主要是清查库存商品数量。前台盘点的实质是将要盘点商品的信息像销售商品一样手工输入或用条码扫描仪录入收银机中，作为后台的数据来源。

④工作状态检查功能：是指对有关收银机、收银员的各种状态进行检查。包括一般状态、交易状态、网络状态、外设状态等。

2. POS 系统结构

由于商业企业经营规模、业态模式和管理方式的不同，特别是大型综合商业购物服务娱乐中心、大中型百货商场、连锁店、专卖店、杂货店、便利店等在具体的经营管理中确实存在着较大差异。可以说，经营规模、业态模式的不同，决定了系统需求的不同；管理方式的不同，决定了系统结构的不同。因此，在商业企业 POS 系统开发时，首先需要根据企业具体的经营管理方式考虑和确定 POS 系统的结构与模式。

系统结构实际上是指系统构成的体系结构，在商业企业 MIS 系统与 POS 系统开发时，通常有多种系统结构可供选择：单机结构，主机结构，客户机/服务器结构等。

（1）单机结构

单机结构又称微机结构，基于单个用户操作，适用于单店微型 POS 系统。由于系统规模小、功能有限，因此只是在小型商业连锁店、专卖店、便利店等小型商业企业的系统中使用，目前仍然保持着一定的市场拥有量。

（2）主机结构

主机结构又称“主机－终端制”结构，基于多个用户前台操作，数据上传至后台进行集中处理的系统。由于系统规模大、功能强、安全性和保密性好，因此适用于大中型百货商场的商业企业 MIS 系统，同时也适用于大中型连锁企业的 POS 系统。

（3）客户机/服务器结构

客户机/服务器结构是一种功能分散式的结构，将一个应用程序分成两部分，分别在同一台或分离的计算机上运行，即客户请求服务，服务器提供服务的开放式和分布式处理系统。这种结构也可以组成多级客户机/服务器结构，通过数据库将用户与系统资源联系起来，并把它们分成前端功能与后端功能，前端功能可以充当收款机，而后端功能则体现在网络服务器上。该系统结构具有开放性、先进性、实用性、可靠安全性、通用性及可扩充性与可维护性等特点，且在系统建立初期投资少、见效快，并且有很多可利用的应用软件，因而被众多商业企业在 MIS 系统与 POS 系统建设中采用。

3. POS 系统的操作

收银员使用收款机（POS 机）可以进行收款、退货、换货、价格查询、折扣、取消交易等操作，其中退货、换货、折扣功能可以由经理控制。收银员每天工作的基本操作过程包括开机、进入销售系统、存零头、执行销售、结账、退出销售系统和关机。由系统销售功能决定，收银员在开机时必须将自己的密码正确输入，在得到系统确认后才能正常进入收款机销售状态。在销售过程中所有的账务都会自动记录在该收银员的账号下，直到其退出销售系统和关机时为止。

（1）销售操作

①先输入同种类商品的数量和“＊”号。

②使用扫描器，扫描读入该商品的条码信息。这时收银员可以在收款机屏幕上看到所要销售商品的名称、数量、价格，同时顾客显示屏也向顾客展示这些内容。

③同种类其他商品可重复以上操作，当同种类商品只有一个时，可以接着扫描其他商品。

④在收款过程中，可以随时按下小计键显示商品小计的金额。

⑤当最终销售确认后，可以按下合计键进行收款结算。

（2）选择付款方式

付款方式分为现金、支票和信用卡等多种支付方式，供顾客自由选择。

①现金支付。

顾客的付款金额与销售金额相等可以直接按下输入键，否则在输入实收金额后按下输入键。这时系统会自动打印账单，开启现金抽屉，并显示应找给顾客的钱数，收银员进行收款、找零，关闭现金抽屉后，屏幕又自动回到销售状态，此次销售过程结束。

②支票支付。

在使用支票进行支付时，系统会询问支票号，将支票号输入后，系统还要求备书，将支票背面向上放入打印机中的平推打印位置，按下输入键，系统自动打印备书并打印账单。然后，收银员打开现金抽屉，将支票放入现金抽屉。在关闭现金抽屉后，屏幕回到销售状态，此次销售过程结束。

③信用卡支付。

在使用信用卡进行支付结算时，如果商场与银行没有实现实时划账，在银行允许付款额度之内或在授权信用卡 POS 机支付后，系统会继续询问信用卡的种类，选择对应的信用卡类别后按下输入键，系统继续询问卡号，在收款机磁卡阅读器上将卡号输入，屏幕回到销售状态，此次销售过程结束，然后办理压卡、签字等手续。

收银员在每日换班、下班前，要进行结账处理。将现金、支票和信用卡金额输入 POS 机，POS 机就会记录下该收银员这个阶段的工作情况，并打印出收银员的销售对账单，反映出收入的盈亏情况，凭此依据进行交班、接班、交款和结款处理。

过去零售业常规收银机只能处理简单结账、开发票业务，得到关于管理的情报极为有限，仅止于销售总金额、部门销售基本统计资料。对于一般零售卖场少则上千种，多则上万种商品的基本经营情报，如营业毛利分析、单品销售资料、畅销和滞销商品、商品库存周转率却无法获得。

POS 系统主要是解决上述零售业管理盲点。POS 系统除了提供精确的销售情报，还能通过销售记录掌握卖场上所有单品库存量供采购部门参考或与 EOS 系统（电子订货系统）连接。总之 POS 系统为现代零售管理必备工具。

（3）结算

通过 POS 系统结算时应经历以下步骤。

①进入地方易货代理或特约客户的易货出纳系统，将买方会员的购买或消费金额输入 POS 机。

②读卡器读取广告易货卡上磁条的认证数据、买方会员号码（密码）。

③结算系统将所输入的数据共享至结算中心的监管账户。

④易货出纳系统对处理的结算数据确认后，由买方会员签字。买方会员及易货代理或特约客户各留一份收据存根，易货代理或特约客户将其收据存根邮寄到易货公司。

⑤易货公司确认买方会员已收到商品或已接受服务后，结算中心划拨易换额度，完成结算过程。

（4）实际操作

以广州丽晶新未来电脑有限公司为例，POS 系统的操作流程如下。

①销售。

a. 登录系统主界面如图 6－8 所示。

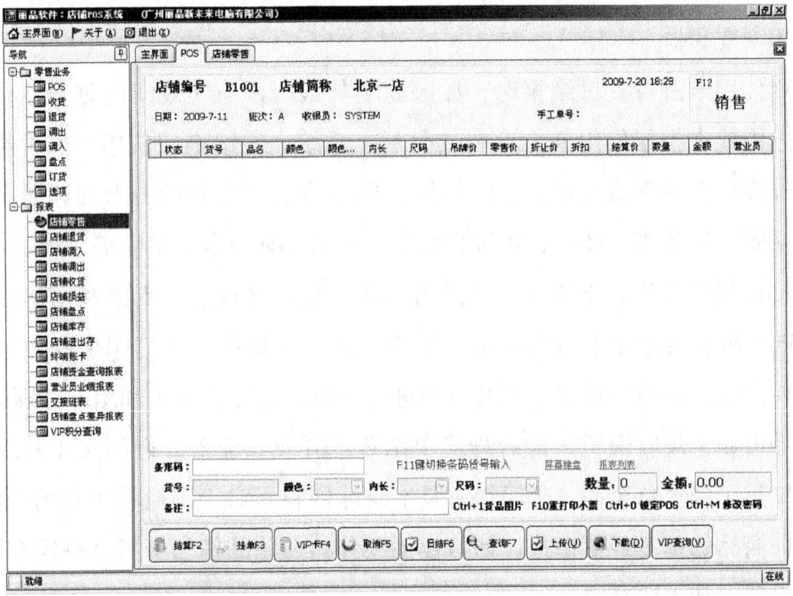

图 6－8　登录系统主界面

b. 登录系统后请检查如图 6－9 所示的店铺编号、店铺简称、日期、班次和收银员信息是否正确。

图 6－9　系统信息界面

c. 如果没有错误即可在此界面进行销售操作。根据不同的销售性质，可以分为八种销售状态，分别为：一般销售、赠送、团购、团退、退货、赠送退货、内购、内购退货。在录入货品信息前，根据销售性质，先选择销售状态，再录入货品信息，销售状态可通过单击界面右上角按钮或者按下 F12 键切换。

货品可以通过条码和货号录入。

使用条码录入的方式，只要用鼠标点击条码后面的空白方框后，即可用条码枪扫描条码，条码扫描成功会出现以下内容，如图 6－10 所示。

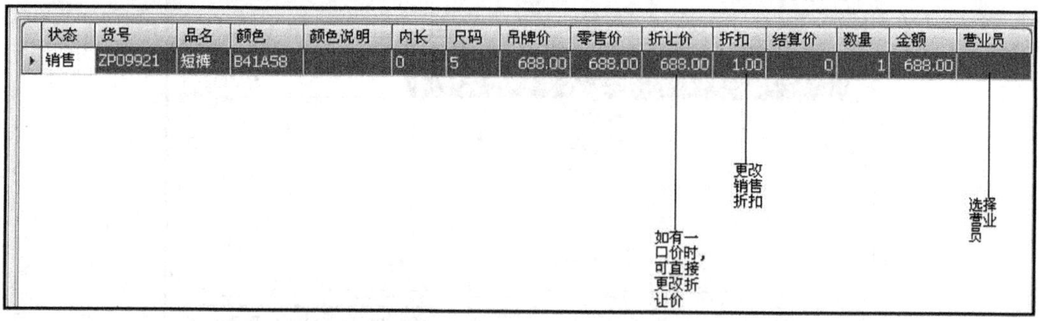

图 6－10　条码扫描成功界面

如果没有条码枪或者没有条码时，可通过直接录入货号方式完成货品的录入。操作步骤如下：用鼠标点击“条码货号输入”按钮切换到条码货号输入项目或者按下 F11 键更换销售录入状态后录入货号，选择其他货品信息（如颜色、内长、尺码等信息）后按回车键，会出现图 6－11 界面，必要时也可以更改折扣或折让价完成货品信息的更新。

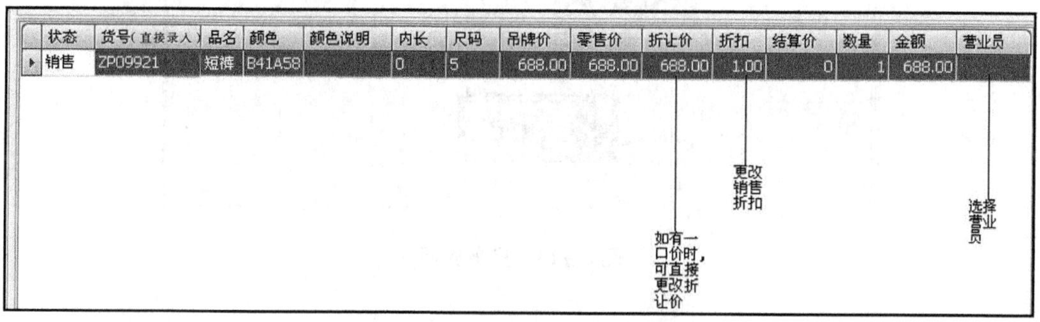

图 6－11　直接录入货号界面

②付款。

在录完货品信息后，即可进行付款操作。

首先点击最下面的“结算”按钮，弹出付款界面如图 6－12 所示。

如果客户是现金付款，付款金额大于销售金额，系统会弹出找零界面，如图 6－13 所示，最后点击“确定”按钮即可完成结算。

如果顾客使用其他的付款方式，如信用卡，需在刷卡栏后面填写刷卡金额，注意刷卡不会找零。刷卡付款信息界面如图 6－14 所示。

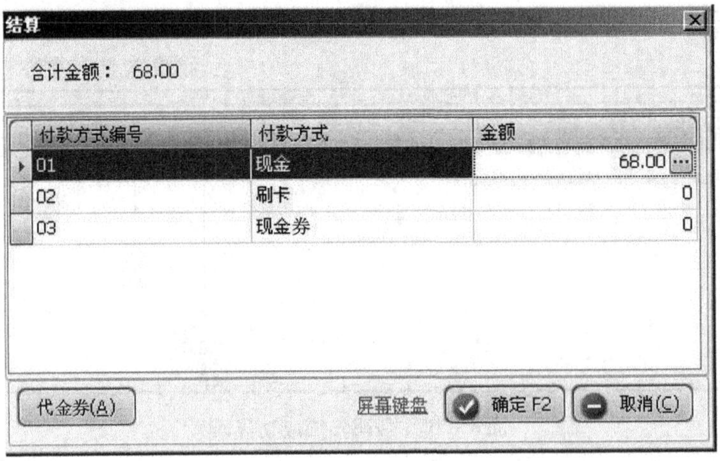

图6－12　付款界面

图6－13　找零界面

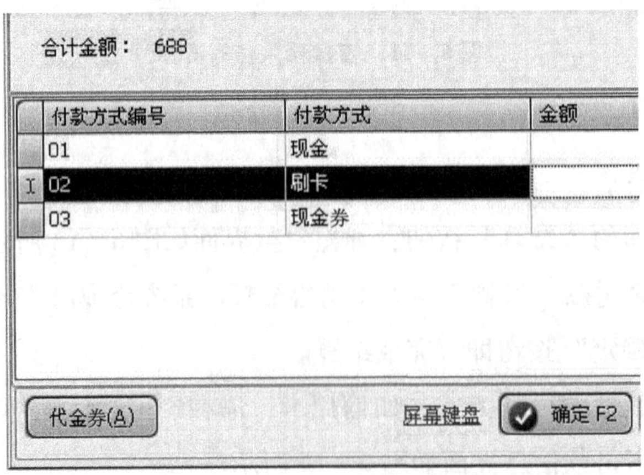

图6－14　刷卡付款信息界面

③挂单。

当商品录入完成后，如果顾客不会立即付款，需稍后付款，但其他顾客又需要买单时，即可用挂单的方式处理，把前一个顾客所买的商品暂存起来，等他需要买单时再挂出付款。

在录入顾客商品后点击“挂单”选项弹出如图 6－15 所示的界面。

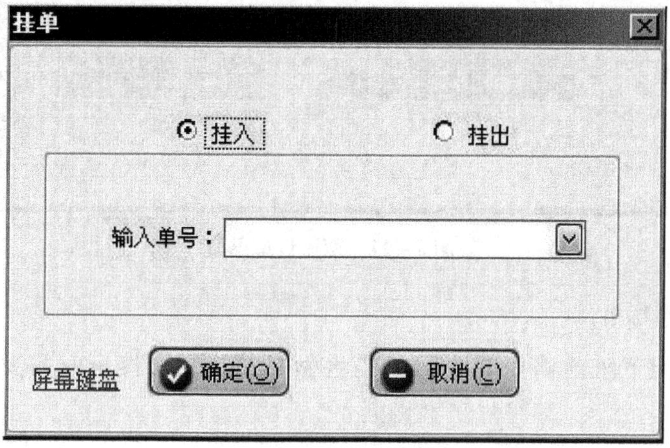

图 6－15　挂单界面

输入单号时，可随便输入自己容易记忆的数字，但如果有多张订单挂入时，不能录入重复的单号。当顾客需要买单时，点击“挂出”按钮后再点击“输入单号”后面的按钮，选择对应挂入的单号，如图 6－16 所示。之后再点击“确认”按钮即可把挂单的商品显示出来。

图 6－16　挂单挂出界面

④取消销售。

如果此次买单的商品信息录入完成后，顾客不需要了，请点击“取消”按钮，弹出如图 6－17 所示的界面。点击“当前单据”按钮进行取消销售操作。

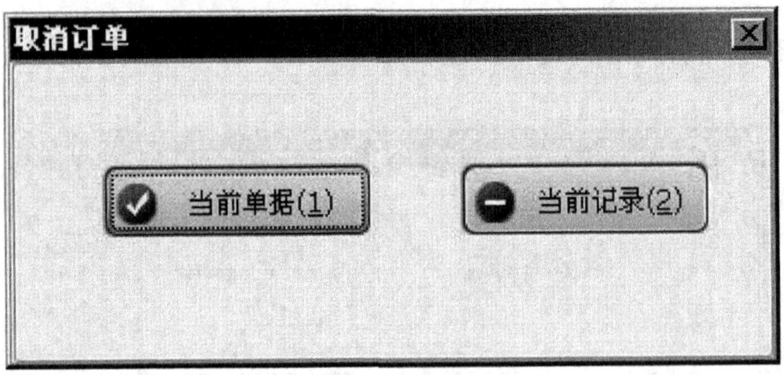

图 6－17　取消订单界面

⑤日结与交接班。

收银员每天下班前需要对当天的销售做日结，在交接班时需要重新调整销售系统。

点击日结按钮，弹出如图 6－18 所示的 POS 系统日结界面，即可进行日结统计。

图 6－18　POS 系统日结界面

如果收银员交接班，交班收银员点击“交接班”按钮，退出系统，接班收银员登录系统后需选择下一个班次。

⑥当前销售和库存查询。

如果店铺需查询当前销售业绩，请点击“查询”按钮，弹出界面如图 6－19 所示。查询当前整体的销售情况，点击“当前销售”按钮后即可弹出当前整体销售情况界面，如图 6－20 所示。

如果查询自己所在店铺的库存，请点击“当前店铺”按钮，录入要查询的货号，点击“查询”按钮即可弹出店铺库存信息界面，如图 6－21 所示。

查询同城其他店铺库存时，请点击“周边店铺”按钮，录入要查询的货号，点击“查询”按钮即可弹出周边店铺库存信息。查询同城仓库整体库存时，请点击“仓库库存”

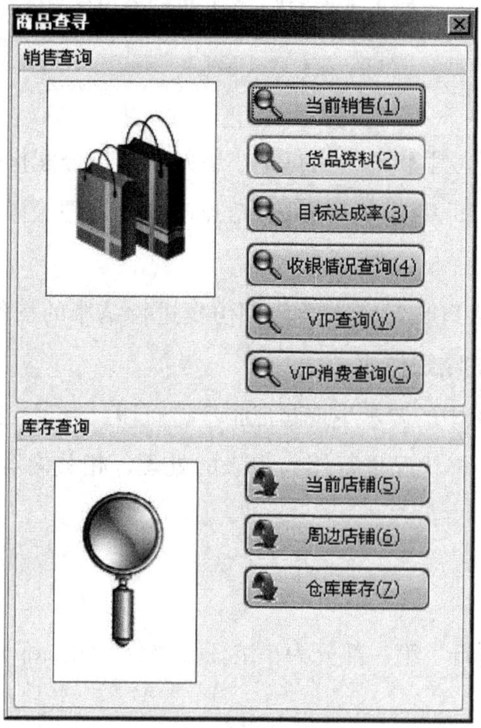

图 6－19　查询界面

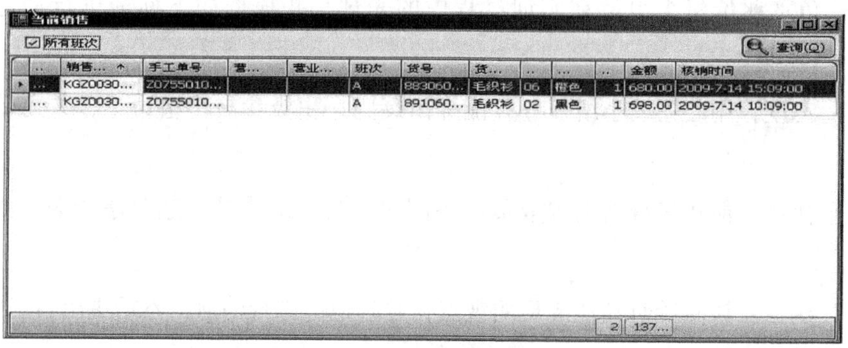

图 6－20　当前整体销售情况界面

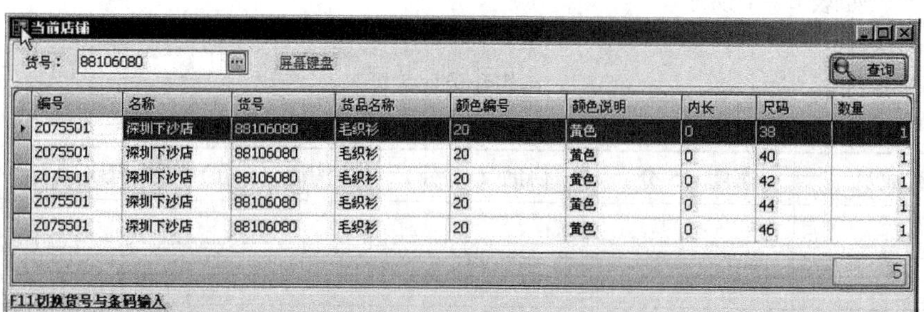

图 6－21　店铺库存信息界面

按钮，录入要查询的货号，点击“查询”按钮即可弹出同城仓库整体库存信息。

小组活动安排

教师提供POS系统教学软件，为每个小组及其成员分配操作任务，各小组仿真进行购物作业，并操作POS系统进行结账、盘点、系统管理等操作模块的作业。具体执行内容包括以下任务。

（1）每位学生登录POS系统教学软件仿真进行结账的操作，结账商品不低于10种，须在10分钟内完成结账作业。

（2）根据POS系统中的要求生成盘点指令，打印盘点表，并进行盘点作业。

（3）根据当日的销售状况进行销售报表的处理，相关内容制作成PPT，并安排组员汇报。

任务评价

评价分为两部分进行，第一部分为小组任务评分，第二部分为教师评分。

1. 小组任务评分

组长负责评价每个组员在实训过程中的表现，并根据如下标准进行评分，满分40分。

（1）态度：用心完成小组任务并能提出疑问；积极参与小组讨论，并主动阐述个人观点。

（2）协助：能积极帮助组内成员解决问题，与小组成员一起分享资源、观点，分担任务。

（3）沟通：认真聆听其他成员的观点，并与他们进行沟通，然后提出自己的观点。

（4）任务执行：任务执行顺利、无差错。

评价表如表6－1所示。

表6－1 小组任务评价表

组别： 组长：

小组成员	态度（5分）	协助（10分）	沟通（5分）	任务执行（20分）

2. 教师评分

教师负责根据每组的任务完成情况进行量化评分，总分值为60分。详细评分标准如表6－2所示。

表6－2　教师评价表

组别：

序号	评价标准	分数
1	能在规定时间内，小组合作完成工作任务并顺利展示成果，观点新颖完整，内容逻辑性强	50～60分
2	能在规定时间内，小组合作完成工作任务，能进行成果展示，观点阐述清晰，表达清楚	40～49分
3	能在教师或其他小组的帮助下完成工作任务并进行阐述	0～39分

任务提升

云POS系统

随着连锁企业的不断壮大，其对信息化的要求越来越迫切，同时又希望大幅降低实施信息化过程中所需的人力、物力成本，云POS系统应运而生。

云POS系统可帮助企业优化业务流程和规则管理，提高企业的内部管理水平，通过信息化手段帮助企业做大做强。所谓云POS系统，即架构上采用多层设计，数据可存储于云端（一般为公有云），也可存储于私有服务器中，并通过安全的认证方式完成数据交换；业务上所有核心数据集中至总部统一管理，门店以销售为主，从而实现“胖总部—瘦门店”的业务模式。云POS系统具有以下特色。

1. 系统采用多层架构设计（总店版—门店版）

业务集中在总部处理，门店以销售为主，减少门店系统的业务复杂度；门店系统支持一键安装，减少门店系统实施和维护成本、培训成本；门店系统支持在线和离线操作，适应各种复杂的网络环境。

2. 集团化管理

总部汇总各门店要货申请，向供应商集中采购，体现规模效益；总部统一完善引入新品和淘汰旧品制度；由总部与供应商统一对账和结算，便于企业资金控制；总部统一管理门店人员，也可授权门店店长再授权；明确人员组织架构关系，按组织架构管理人员权限；总部指定门店要上传的数据和门店可下载的数据；门店货物可由总部统一配送，也可由门店自行采购。

3. **完善的连锁配送业务**

配送中心按门店类型以不同的方式配送给门店；门店调取总部的配送单，轻松入库；支持直营店成本价配送、加盟店加价配送；支持直营店货物批次跟踪、加盟店重新生成新批次；提供"要货申请—要货确认—调拨出库—调拨入库—退货出库—退货入库"的完整配送流程。

4. **强大的会员功能**

会员卡集积分、打折、储值、计次、主副卡功能于一身，对会员进行分类管理，根据会员类别设置不同的功能及积分和打折规则，同一类别的会员又可根据不同的商品分类及价格类型设置不同的积分折扣率；提供会员的日常管理功能，如挂失、奖励积分、兑奖、积分返利、充值等功能。支持连锁店使用会员卡和发卡中心统一发卡给非连锁店。

5. **扩展性强**

在与传统业务兼容的同时，使用互联网、电子商务（简称电商）、物联网思路及技术进行架构和设计，支持多达千家连锁店供应商平台进行分布式部署或者均衡硬件负载，客户与供应商之间无须再通过QQ、电话、传真、邮件等方式下订单，只需通过供应商平台即可完成快速下单。

6. **老板助手**

老板可以通过微信等主流手机软件工具随时随地查看各种报表，如库存报表、当天营业报表、账款报表等。

项目七　线上超市管理

项目教学目标

1. 掌握商品类目的选择。
2. 掌握商品发布的基本流程。
3. 掌握线上超市页面布局。
4. 掌握线上超市页面的框架和常用模式。

任务一　线上超市商品上架

任务描述

小王出生在一个商业家庭里，从小受家庭经商的理念影响，喜欢观察身边的事物，寻找商机。小王发现线上平台销售商品已经逐渐成为主流，小王希望通过自己的学习，能在线上平台进行商品销售。小王在暑假期间准备进入一家电商企业进行实习，他需要提前掌握一些基本的线上超市商品上架操作的知识，因此小王打算通过学习相关知识为实习工作打下一个基础。

任务目标

1. 掌握商品类目的选择。
2. 掌握商品发布的基本流程。

任务实施

知识准备

1. 商品类目的选择

类目，也就是商品的分类，以便更好地管理商品。线上超市的类目一般设置成三层：一级类目、二级类目和三级类目。例如，男士外套的类目选择如图 7－1 所示。

图 7－1　男士外套的类目选择

商品类目是衡量该商品与买家所搜关键词是否相关的重要内容之一，类目选错将导致系统判定所发布的商品与买家所搜关键词不相关，所发布的商品在筛选商品界面排名靠后。建议商家在发布商品时注意类目是否选择正确。

2. 商品发布

（1）商品基本信息的发布

在明确需要上架的商品之后，根据线上平台要求发布商品时，一般需提供的基本信息如图 7－2 所示。

①商品类型。

线上平台中的商品分为全新商品和二手商品两类。

一般发布的商品为全新商品，也有一些陈旧的或者具有纪念或收藏意义的二手商品可以在相关平台上进行发布。

②商品标题。

商品标题要求不超过 60 个字符。标题是由多个关键词组成的，关键词的选取直接影响到平台流量的引入和筛选商品界面的显示，一般关键词要保证根据最近的大数据搜索得到，并且需要实时更新。

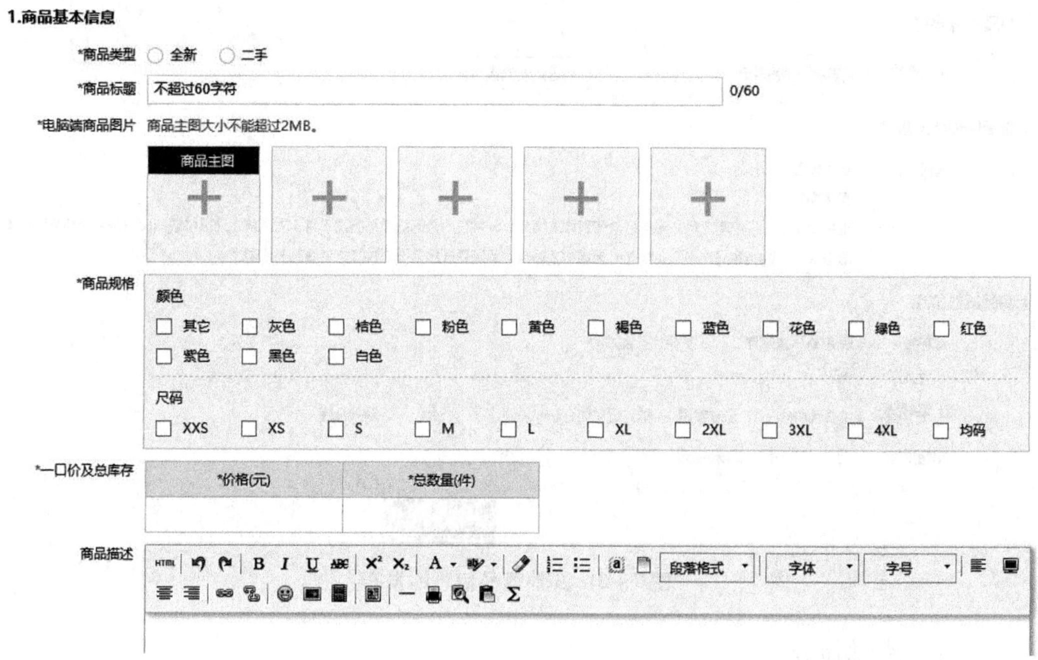

图 7－2　商品基本信息的发布

③商品主图。

商品主图是直接呈现给买家的第一视觉图，主图需要突出商品卖点。以淘宝为例，最后一张主图有特殊要求，需要为白底图片。

④商品规格。

每一个商品都有其对应的规格需要填写，填写得越完整，商品的信息越完善，平台也将增加该商品的权重，因此每一个商品的规格尽量保证填写完整。

⑤价格。

商品发布的价格需要根据商品的特性、商品的成本和线上平台不定期推出的优惠活动综合考虑，进行定价。

⑥商品描述。

在发布商品描述时，一般都会采用长图的形式把商品的信息以及需要向买家表现的信息进行展示，达到既美观又清晰的表现效果。一般可以通过 Adobe Photoshop 等制图软件进行长图的制作。

（2）其他商品信息的发布

在线上超市竞争日趋激烈的当下，除了将商品的基本信息发布到平台上，还需要将附着在商品中的各项服务信息一同发布，如图 7－3 所示。

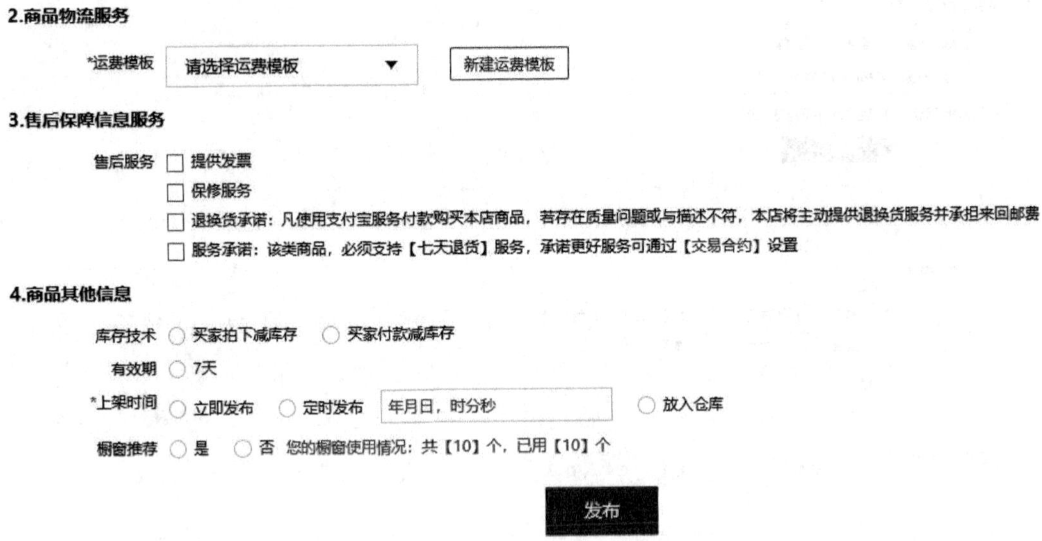

图 7－3　其他商品信息的发布

①商品物流服务。

有形商品需要进行有形的物流服务，无形商品可以直接通过虚拟物流服务实现发货和收货。

有形商品的物流服务一般涉及快递公司，每一个快递公司的收费标准不同，需要提前与快递公司沟通，确定运价，切勿因买家的收货地过远或者其他特殊情况而临时通知买家无法送货。

②售后保障信息服务。

售后保障信息服务是商品出售的一项服务，可以给买家更好的心理保障以及完整的商品使用体验。

③商品其他信息。

商品的其他信息主要涉及商品库存技术、商品有效期和商品上架时间等。以图 7－3为例，商品库存技术以买家是否完成付款为区分点，可选择“买家拍下减库存”或者“买家付款减库存”；上架时间可以在“立即发布”“定时发布”和“放入仓库”中择优选择，其中需要注意的是如果要发布的商品为预售商品，一般选择定时发布。

小组活动安排

每班学生以小组为单位选择一件商品，对其进行分析，最后进行商品上架操作。具体执行内容包括以下任务。

（1）了解当地有哪些特有商品可以进行网络零售。

（2）选择一件商品，根据商品的特性进行比较，重点从类目、商品属性、商品价格、商品描述等方面进行详细分析。

（3）各小组将商品上传至线上平台，并安排组员进行汇报。

任务评价

评价分为两部分进行，第一部分为小组任务评分，第二部分为教师评分。

1. 小组任务评分

组长负责评价每个组员在实训过程中的表现，并根据如下标准进行评分，满分40分。

（1）态度：用心完成小组任务并能提出疑问；积极参与小组讨论，并主动阐述个人观点。

（2）协助：能积极帮助组内成员解决问题，与小组成员一起分享资源、观点，分担任务。

（3）沟通：认真聆听其他成员的观点，并与他们进行沟通，然后提出自己的观点。

（4）仪表：语言表达清晰、仪态自然。

（5）展示：愿意代表小组发言，能全面、准确汇报小组共同的学习成果。

评价表如表7－1所示。

表7－1　　小组任务评价表

组别：　　　　　　　　　　　　组长：

小组成员	态度（5分）	协助（10分）	沟通（5分）	仪表（10分）	展示（10分）

2. 教师评分

教师负责根据每组的任务完成情况进行量化评分，总分值为60分。详细评分标准如表7－2所示。

表 7－2　　　　　　　　　　　　教师评价表

组别：

序号	评价标准	分数
1	能在规定时间内，小组合作完成工作任务并顺利展示成果，观点新颖完整，内容逻辑性强	50～60 分
2	能在规定时间内，小组合作完成工作任务，能进行成果展示，观点阐述清晰，表达清楚	40～49 分
3	能在教师或其他小组的帮助下完成工作任务并进行阐述	0～39 分

任务提升

京东到家

1. 软件介绍

京东到家是达达集团旗下中国最大的本地即时零售平台之一。依托达达集团的全国即时配送网络平台，为买家提供生鲜果蔬、鲜花蛋糕、烘焙茶点等海量商品 1 小时配送到家的服务体验。截至 2019 年 12 月 31 日，京东到家业务覆盖全国 700 多个县（市、区），合作门店近 10 万家。

2. 发展历程

2015 年 4 月正式上线以来，京东到家在几个月的时间里发展迅速，截止到 2015 年 11 月已经覆盖了国内 11 个大型城市，服务遍及华北、华东、华中、华南等多个区域，为买家提供了 2 小时内快速送达的全新 O2O（线上到线下）服务，打造生活服务一体化平台。自 2015 年 4 月上线的“单品 1 元”促销活动开始，京东到家分别开展了“520 鲜花大促”“六一惊喜福包”“626 宅购节”“中秋节大闸蟹闪电送”“1020 宅购节”等大型促销活动。

2016 年 4 月 15 日，京东集团宣布，已经就旗下 O2O 子公司“京东到家”与众包物流平台“达达”合并一事达成最终协议。据悉，协议生效后，京东集团将以京东到家的业务资源、京东集团的业务资源以及两亿美元现金换取新公司约 47.4% 的股份并成为单一最大股东。在新公司的管理架构中，原达达集团 CEO（首席执行官）蒯佳祺先生将出任新公司的 CEO，原京东到家总裁王志军先生将出任新公司的总裁。

2018 年 7 月 17 日，京东到家宣布将在北京、上海等城市的办公场地批量投入京东到家智能货柜 3.0 版本，计划在 2018 年年底之前新增 5000 个点位。

3. 主要功能

京东到家通过杠杆化社会资源形成中国“社会电商”雏形，在商品与服务来源上，京东到家通过跟大型商场合作，由京东到家提供物流配送服务。在生活服务方面，京东到家可提供上千种商品及外卖服务；在京东到家的物流配送体系方面，不仅有京东自营的物流配送体系，还有京东众包这样的社会化物流体系。

任务二　线上超市布局

任务描述

线上超市布局就是通过对页面布局、程序模板和图片等的编辑让线上超市拥有更加美观的页面设计和制作效果。线上超市通过布局可以展现超市整体的风格和商品的特性，从而吸引更多的买家。线上超市作为一个网络销售平台，其布局和实体店的布局本质上是一样的，好的布局不仅能够最大限度地提升线上超市在买家心中的形象还可以延长买家在线上超市的停留时间。接下来小王将学习线上超市页面布局管理方面的知识。

任务目标

1. 掌握线上超市页面布局。
2. 掌握线上超市页面的框架和常用模块。

任务实施

知识准备

1. 线上超市页面布局

页面布局是整个线上超市的骨架，布局是否合理不仅影响着线上超市页面是否美观，更影响着商品能否成交，因此要根据线上超市的风格、促销活动，以及买家的浏览模式、需求及购物习惯等，规划并设计页面的布局，其中重点是对首页布局的规划。

（1）认识页面布局

线上超市页面结构一般包括线上超市页头、线上超市页中和线上超市页尾三个组成部分，分别如图7－4、图7－5、图7－6所示。每个组成部分有若干个模块，其中页中部分也可以将不同功能的模块编排成不同的布局单元。

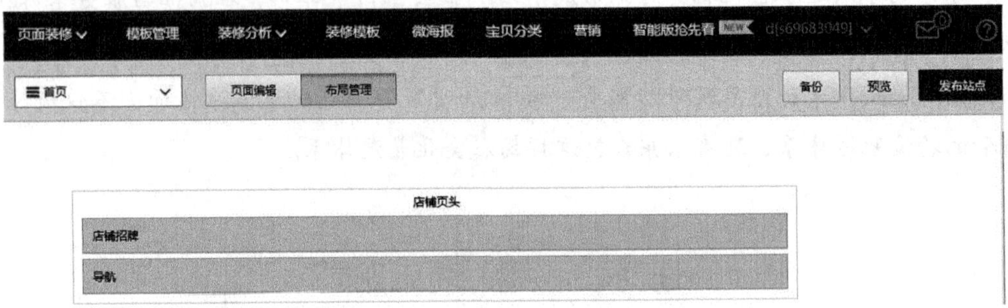

图7－4　页头部分

图7－5　页中部分

图7－6　页尾部分

（2）规划页面布局

线上超市页面布局必须以线上超市的定位为中心，统一风格，突出线上超市主题、公共提醒、促销信息等。经过精心设计、布局的线上超市页面能给买家带来不同的购物体验，从而达到宣传品牌、体现品牌形象的目的。

（3）常见的页面布局形式

①“T”结构布局。

所谓“T”结构，是指页面顶部为横幅区，包括线上超市标志和店招广告条，接下来页面分为左、右两个部分，左侧为分类导航等信息，右侧为活动或商品推荐等信息。因为菜单条背景较深，整体视觉效果类似英文字母T，所以称为“T”结构布局。这是线上超市页面布局设计中用得最多的一种布局方式。这种布局的优点是页面结构清晰，主次分明，布局易于操作；缺点是规矩呆板，如果细节色彩上不注意，很容易让人感觉乏味。

②“口”型布局。

这是一种比较形象的说法，是指页面上方与下方各有一个通栏的模块，中间部分采用三栏的形式，左侧放分类导航或商品推荐，中间为较大的轮播图，右侧为公告或者文字链接。也有将四边空出，只用中间的窗口进行设计的布局形式。这种布局的优点是充分利用版面，信息量大；缺点是页面拥挤，不够灵活。

③“三”型布局。

“三”型布局是指页面布局时，多以通栏的海报或者横幅将陈列区隔开。特点是页面上横向两条色块，将页面整体分割为三部分，色块中大多放上广告条。这种布局的优点是布局简单、陈列清晰；缺点是海报视觉冲击力不强页面会稍显单调。

④ 对称对比布局。

对称对比布局是指采取左右或者上下对称的布局，一半深色，一半浅色。这种布局的优点是视觉冲击力强；缺点是将两部分有机结合比较困难。

⑤“POP”布局。

“POP”引自广告术语（Point - of - Purchase，购物点），该种布局是指将页面设计得像一张宣传海报，以一张精美的图片作为页面的设计中心，常用于时尚品牌和大型促销活动时期。这种布局的优点是页面精致、易吸引人；缺点是页面打开的速度相对比较慢，但是作为首页布局还是值得借鉴的。

除了常见的页面布局形式，还有许多别具一格的布局形式，设计页面布局时关键在于如何将注重用户体验和开拓思维进行创意化的结合，不可为了单纯地追求个性而随意布局，要在注重用户体验的前提下增添布局创意。

2. 线上超市页面框架和常用模块

线上超市的页面包含多种元素，如店招、海报促销区和商品陈列区等。搭建线上超市的页面框架是指根据页面的规划设计，调整、添加页面布局单元和选择需要的装修模块在线上超市页面有序地排列组合起来的过程。

（1）常用模块介绍

①基础模块。

a. 线上超市招牌。可以直接上传设计好的图片，也可以通过编辑器输入文字、图标等信息，或者通过输入 HTML（超文本置标语言）代码的形式编辑内容。

b. 图片轮播。可以添加多张线上超市海报图片，通过轮播的形式展示在页面，并且每张图片里可以设置相应的链接。

c. 商品推荐。显示卖家推荐的商品，通过设置关键字、商品分类、商品价格区间、新旧程度等参数将符合要求的商品展示在对应的模块区域。

d. 自定义区。可以通过编辑器输入文字、图标等信息，也可以单击工具栏上的“源代码”按钮，通过输入 HTML 代码的形式编辑内容。

e. 商品搜索。可以添加一个线上超市内部的商品搜索条，买家通过输入关键词、设置价格范围搜索店内商品。

f. 商品排行榜（基础）。该模块一般添加到页面的左侧工具栏，可以展示线上超市中最近 30 天的商品销售量和收藏量排行榜。

g. 默认分类。添加该模块后，在对应的模块区域会显示线上超市商品的分类链接。

h. 个性分类。该模块的功能和默认分类类似，不同的是它可以让买家根据自己的需求和喜好设置分类链接。

i. 客服中心。添加该模块后，可以在对应的模块区域显示客服的头像链接，以及线上超市客服的在线时间等信息。

j. Flash（闪存）模块区。添加此模块后，卖家可以选择促销区模板、页面模板、分类模板等 Flash 模板来做线上超市页面的展示。

②设计师模块。

a. 特价专区。该模块通过左边大图右边小图的个性化展示效果，来突出线上超市中一些特别的商品，如特价活动的商品，它只能在通栏规格的页面区域布局。

b. 商品排行榜（个性化）。与基础性的商品排行榜模块的设计不同，个性化商品排行榜模块的设计，在展示线上超市商品销售量和收藏量排行榜的同时，也充分展示了排行榜上商品的主图效果，该模块只能在通栏规格的页面区域布局。

c. 商品分类（横向）。横向的商品分类模块，能以通栏的形式展示线上超市商品的分类情况，该模块只能在通栏规格的页面区域布局。

小组活动安排

每班学生以小组为单位进行线上超市布局，了解线上超市布局趋势，如大润发、每日优鲜等，通过对比，分析并掌握线上超市页面布局的基本理论和实际操作。

（1）了解当前线上超市的布局趋势。

（2）各小组选定一家线上超市重新规划、设计页面布局，并搭建页面框架。

（3）各小组将内容制作成 PPT 上交，并安排组员进行汇报。

任务评价

评价分为两部分进行，第一部分为小组任务评分，第二部分为教师评分。

1. 小组任务评分

组长负责评价每个组员在实训过程中的表现，并根据如下标准进行评分，满分 40 分。

（1）态度：用心完成小组任务并能提出疑问；积极参与小组讨论，并主动阐述个人观点。

（2）协助：能积极帮助组内成员解决问题，与小组成员一起分享资源、观点，分担任务。

（3）沟通：认真聆听其他成员的观点，并与他们进行沟通，然后提出自己的观点。

（4）仪表：语言表达清晰、仪态自然。

（5）展示：愿意代表小组发言，能全面、准确汇报小组共同的学习成果。

评价表如表 7－3 所示。

表 7－3　小组任务评价表

组别：　　　　　　　　　　　　　　　　组长：

小组成员	态度（5 分）	协助（10 分）	沟通（5 分）	仪表（10 分）	展示（10 分）

2. 教师评分

教师负责根据每组的任务完成情况进行量化评分，总分值为 60 分。详细评分标准如表 7－4 所示。

表 7－4　　教师评价表

组别：

序号	评价标准	分数
1	能在规定时间内，小组合作完成工作任务并顺利展示成果，观点新颖完整，内容逻辑性强	50～60 分
2	能在规定时间内，小组合作完成工作任务，能进行成果展示，观点阐述清晰，表达清楚	40～49 分
3	能在教师或其他小组的帮助下完成工作任务并进行阐述	0～39 分

任务提升

店招的设计

1. 常见的店招类型

从内容上来说，店招上面可以有：线上超市名称、线上超市 Logo（标识）、线上超市口号、收藏按钮、关注按钮、促销产品、优惠券、活动信息、搜索框、线上超市公告、相关网址等。换一句话总结：如果可以，几乎所有能想到的内容都能在店招上面进行展现，除了线上超市名称必须出现，其他内容都可以按照具体情况进行安排。根据功能的不同，可以分为以品牌宣传为主、以活动促销为主和以产品推广为主的店招等。

2. 店招的设计原则和要点

店招可以由文字和图案组成，表现的方法也十分灵活。但实体超市店招的表现形式和线上超市店招的表现形式有一定区别。实体超市店招的作用往往体现在招徕顾客上，因为实体超市店招是直接面对道路的。而线上超市店招的作用主要体现在留客的环节，因为线上超市店招并不是直接面对网络街道（搜索页面），而是只有当买家进入了线上超市之后才可以看得到店招。因此在设计线上超市店招时要更多地从留客的角度去考虑。

（1）店招的设计原则

①店招要直观明确地告诉买家线上超市是卖什么的，表现形式最好是实物照片。

②店招要直观明确地告诉买家线上超市的卖点（特点、优势、差异化）。

（2）店招的设计要点

①线上超市名字（告诉买家线上超市是卖什么的，知名品牌的线上超市可以标榜自己的品牌）。

②实物照片（更加直观形象地告诉买家线上超市是卖什么的）。

③产品特点（直接阐述线上超市的产品特点，第一时间打动买家、吸引买家）。

④线上超市优势和差异化（告诉买家线上超市中产品的优势以及和其他线上超市的不同，形成差异化竞争）。

项目八　超市的发展趋势

项目教学目标

1. 掌握智能仓储的概念与特点。
2. 掌握智能仓储的主要技术原理。
3. 掌握自助收银的概念和功能。
4. 掌握自助收银的步骤。

任务一　智能仓储

任务描述

近期，小王发现自家超市的商品种类越来越多，给超市的管理增加了很大的负担，工作人员在库存管理方面消耗了太多时间，因此，他去国外大型超市进行了培训学习，看看国外大型超市是如何解决这个问题的。国外大型超市采用了哪些技术？自家超市能否采用？采用后能够起到什么作用？带着这些问题，小王开始了他的国外培训之旅，并期待能够学到有效的管理技术解决自家超市的难题。

任务目标

1. 掌握智能仓储的概念与特点。
2. 掌握智能仓储的主要技术原理。

任务实施

知识准备

1. 智能仓储及智能仓储系统的概念

智能仓储是一种仓储管理理念，是通过信息化、物联网和机电一体化共同实现智慧物流，从而降低仓储成本、提高运营效率、提升仓储管理能力的现代化管理理念。比如一些企业利用射频识别、网络通信、信息系统应用等信息化技术，实现出入库和移库管理信息的自动采集、识别和管理，这就是智能仓储的体现。

智能仓储系统是由立体货架、有轨巷道堆垛机、出入库输送系统、信息识别系统、自动控制系统、计算机监控系统、计算机管理系统以及其他辅助设备组成的智能化系统。系统采用一流的集成化物流手段进行设计，通过应用先进的控制、通信和信息技术，协调各类设备实现自动出入库作业。

智能仓储作业是物流作业的一个环节，通过科学编码，可对库存货物的批次、保质期等进行管理。利用智能仓储系统的管理功能，更可以及时掌握所有库存货物当前所在位置，有利于提高仓库管理的工作效率。RFID（射频识别）智能仓储解决方案，还配有 RFID 通道机、查询机、读取器等诸多硬件设备。

2. 智能仓储的特点

智能仓储能实现仓库的信息自动化、精细化管理，指导和规范仓库管理人员日常作业，完善仓库管理、整合仓库资源，并为企业带来以下价值。

（1）实现数字化管理，出入库、物料库存量等仓库日常管理业务可做到实时查询与监控。

（2）提升仓库货位利用效率。

（3）减少操作人员对经验的依赖性，更多以信息系统来规范作业流程，根据信息系统提供操作指令。

（4）实现对现场操作人员的绩效考核。

（5）降低作业人员劳动强度。

（6）降低仓储用品（如托盘）的库存。

（7）提高仓储的作业效率。

（8）减少仓库内的执行设备。

（9）提高订单准确率。

（10）提高订单履行率。

（11）提高仓库作业的灵活性。

3. 智能仓储主要技术

智能仓储使用物联网、仓储管理软件和其他技术来提高效率，一般涉及以下几种常用技术。

（1）射频识别（RFID）技术

射频识别（RFID，Radio Frequency Identification）技术，又称无线射频识别技术，是一种通信技术，俗称电子标签，可通过无线电信号识别特定目标并读写相关数据，而无须识别系统与特定目标之间建立机械或光学接触。射频识别技术是一种非接触式的自动识别技术，其基本原理是利用射频信号和空间耦合（电感或电磁耦合）或雷达反射的传输特性，实现对被识别物体的自动识别。利用超高频 RFID 系统雷达反射原理的自动识别系统，读写器通过天线向电子标签发出微波查询信号，电子标签被读写器的微波能量激活，接收到微波信号后应答并发出带有标签数据信息的回波信号。射频识别技术的基本特点是采用无线电技术对静止的或移动的物体进行识别，达到确定待识别物体的身份、提取待识别物体的特征信息（或标识信息）的目的。

（2）无人搬运车（AGV）

AGV 是 Automated Guided Vehicle 的缩写，意即“自动导引运输车”，也就是无人搬运车，是指装有自动导引装置，能够按规定的导引路径行驶，具有安全保障以及各种移载功能的运输车辆，在应用中不需要驾驶员的搬运车辆，以可充电的蓄电池为其动力来源。一般可通过电脑来控制其行进路线以及行为，或利用电磁轨道来设立其行进路线，电磁轨道粘贴于地板上，无人搬运车则依循电磁轨道所带来的讯息进行移动与运作。

（3）自动分拣系统

自动分拣系统是第二次世界大战后在美国、日本的物流中心中兴起并被广泛采用的一种分拣系统，该系统目前已经成为发达国家大中型物流中心不可缺少的一部分。该系统的应用场景可以简单描述为以下内容：物流中心每天接收成百上千家供应商或货主通过各种运输工具送来的成千上万种商品，在最短的时间内将这些商品卸下并按商品品种、供应商或货主、储位或发送地点进行快速、准确的分类，将这些商品运送到指定地点（如指定的货架、加工区域、出货站台等），同时，当供应商或货主通知物流中心按配送指示发货时，自动分拣系统在最短的时间内从庞大的高层货架存储系统中准确找到要出库的商品的所在位置，并按所需数量出库，将从不同储位上取出的不同数量的商品，按配送地点的不同运送到不同的理货区域或配送站台集中，以便装车配送。

（4）自动化立体仓库

自动化立体仓库又称自动化高架仓库或自动存储取货系统（AS/RS 系统），它是一种基于高层货架、利用计算机进行控制管理、自动存取输送设备、自动进行存储作业的仓储系统。它一般采用几层、十几层甚至几十层的货架，用自动化物料搬运设备进行货物出库和入库作业。自动化立体仓库一般由高层货架、物料搬运设备、控制和管理设备及土建公用设施等构成。自动化立体仓库是当代货架存储系统发展的最高阶段，它与自动分拣系统和无人搬运车并称为物流技术现代化的三大标志。

（5）码垛机器人

码垛机器人是机械与计算机程序有机结合的产物，比如托盘码垛机器人是能将不同外形、尺寸的包装货物，整齐地、自动地码垛在托盘上的机器人。为充分利用托盘的面积和保证堆码物料的稳定性，机器人具有物料码垛顺序、排列的设定器，它为现代生产提供了更高的生产效率。码垛机器人运作灵活精准、快速高效、稳定性高，大大节省了劳动力成本和存储空间。在自动化立体仓库中就大量使用了码垛机器人完成自动装箱、码垛、堆垛的工作。

（6）仓储管理系统（WMS 系统）

仓库管理系统是通过入库业务、出库业务、仓库调拨、库存调拨等作业流程，将批次管理、质检管理、虚仓管理和即时库存管理等功能综合运用的信息化管理系统，WMS 系统有效控制并跟踪仓库业务的物流和成本管理全过程，实现完善的仓储信息管理。该系统既可以独立执行物流仓储作业操作，也可以实现物流仓储作业与企业运营、生产、采购、销售作业的智能化集成。

4. 智能仓储的优点

智能仓储的应用，保证了货物仓库管理各个环节数据输入的速度和准确性，确保企业及时、准确地掌握库存的真实数据，合理保持和控制企业库存。其优点具体体现在以下几个方面。

（1）采用高层货架，立体存储，能有效利用存储空间，大大提高仓库的单位面积利用率。

（2）仓储作业全部实现机械化和自动化，货物自动存取的运行和处理速度快。

（3）利用计算机程序进行控制，便于清点和盘库，能够有效地进行库存控制，减少货物处理和信息处理过程的差错。

（4）利用料箱或者托盘存储货物，能有效减少破损货物，较好地满足特殊仓储环境的需要。

（5）提高了作业质量，保证商品在整个仓储过程的安全运行。

（6）便于实现仓储系统的整体优化。

小组活动安排

每个小组组织人员制订超市的商品库存管理计划，形成报告并提交，同时组织相关人员进行口头汇报。

步骤一：小组讨论，总结所找超市在库存管理中存在的问题。

步骤二：针对相关问题，结合所学知识，制订出解决计划。

步骤三：将计划整合成书面报告。

步骤四：将报告形成过程制作成 PPT 并进行汇报。

任务评价

评价分为两部分进行，第一部分为小组任务评分，第二部分为教师评分。

1. 小组任务评分

组长负责评价每个组员在实训过程中的表现，并根据如下标准进行评分，满分40分。

（1）态度：用心完成小组任务并能提出疑问；积极参与小组讨论，并主动阐述个人观点。

（2）协助：能积极帮助组内成员解决问题，与小组成员一起分享资源、观点，分担任务。

（3）沟通：认真聆听其他成员的观点，并与他们进行沟通，然后提出自己的观点。

（4）仪表：语言表达清晰、仪态自然。

（5）展示：愿意代表小组发言，能全面、准确汇报小组共同的学习成果。

评价表如表 8－1 所示。

表 8－1　　小组任务评价表

组别：　　　　　　组长：

小组成员	态度（5分）	协助（10分）	沟通（5分）	仪表（10分）	展示（10分）

2. 教师评分

教师负责根据每组的任务完成情况进行量化评分，总分值为 60 分。详细评分标准如表 8－2 所示。

表 8－2　　教师评价表

组别：

序号	评价标准	分数
1	能在规定时间内，小组合作完成工作任务并顺利展示成果，观点新颖完整，内容逻辑性强	50～60 分
2	能在规定时间内，小组合作完成工作任务，能进行成果展示，观点阐述清晰，表达清楚	40～49 分
3	能在教师或其他小组的帮助下完成工作任务并进行阐述	0～39 分

任务提升

苏宁物流的智能仓储模式

新的零售形式正在发生变化，新物流成为新的零售形式变化和发展的核心要素。在“2017 中国新零售与快递创新物流发展论坛”上，苏宁物流提出了“迈进智慧零售，苏宁智能仓储解决方案”。张海峰表示，在零售变革的大环境下，匹配智慧零售，结合业务类型，利用物联网和大数据等技术，聚焦供应链的仓储模式变革已经成为新物流实践的重要突破点。

新物流的实践，不仅需要物流企业从流通层面提升价值，更希望在整个供应链层面提升价值，从这一点出发，苏宁物流正在重点推进和思考的事情是围绕智慧零售，从客户的角度把物流的各个环节做得更好，做得更极致。苏宁物流作为国内最早从事自营物流的企业，结合方案内容，我们可以一窥苏宁物流在智能仓储设计上的思考和优势。

苏宁物流零售仓储体系采用“业务＋仓储＋技术”三位一体化的管控模式，具体表现为围绕零售场景的多元化，构建符合电商平台、零售商、品牌商的多类型业务需求的 DC（物流中心）、RDC（区域配送中心）、FDC（前端物流中心）、微仓、门店仓等多种仓储形式。在大数据管理平台驱动仓储网络智能化方面，苏宁物流全国仓储网络事实上变成了一个即时共享的云存储系统，配合精准的供应链计划，苏宁物流可在全国的各级仓库间实现智能分仓、就近备货和预测式调拨，同时，通过智能化作业，精准分析订单、库位、路径、区域，从而保证商品在全国范围内的高效流通。

以智能调拨为例，苏宁物流不仅在全国有中心仓，还设置了多个平行仓，通过全国仓库间的干线运输网络，可以确保库存提前调拨到离客户最近的配送中心。据悉，2016 年，苏宁物流自主研发的 WCS 系统（仓储控制系统）“指南针”和大数据监控平台“天眼”上线运营。前者标志着苏宁物流的研发工作由软件平台向软硬件结合平台到硬件智能化平台的方向迈进，最终是为了同硬件解绑，实现自主化；后者则建立起对苏宁物流整个供应链的监控体系，可以更好地协助客户管理，为服务接受方带来更佳的体验。

随着大型仓库的建设，仓储设备的增多，靠原先经验处理已经不能满足需求，同时收货、存货、发货变成了相对独立的环节，但这样追求单环节的效率提升，并不能满足整体的效率提升。从提升整体效率出发，苏宁物流设计了收发存联动机制的 ABC 存拣模式。同样值得注意的是，货到人技术帮助物流行业在仓储拣选环节实现了效率的大幅提升。苏宁物流货到人技术除了行业普遍采用的高速分拣系统，最具创新的应该是 SCS 旋转库系统（一种高度动态而且完全自动的仓储系统）和仓库机器人系统，这两个系统虽然投入颇大，但适用业务场景也比较广，比较符合苏宁物流线上到线下的业务类型。

论坛上还分享了南京苏宁云仓的智能仓库实践案例。自动化设备的应用只是让一个仓库变得智能，除了南京苏宁云仓，苏宁物流还将建立一个超级云仓网，12 个云仓构筑成一个高度智能的仓储网，为全链条的供应链服务提供智能设施支持。

苏宁物流目前已经全面社会化开放运营，公开数据显示，截至 2021 年 12 月，在全国共有 60 多个物流基地，2 万多个物流节点，覆盖全国 2842 个区县，发货及时率达 99.95%，配送履约率达 99.91%，堪称中国零售行业规模巨大的自营物流企业。通过智能化仓储的升级和打造，苏宁物流有望成为中国商业领先的智能物流服务提供商。

任务二　自助收银

任务描述

近期，小王发现自家超市在收银环节的痛点有：排队长、收银员人工成本高、收银员服务水平差异导致顾客体验度不佳等。随着新零售的快速发展，传统超市在收银环节的痛点逐渐得到重视，于是自助收银随之产生。超市自助收银机该如何操作呢？带着这个问题，小王走访了多家采用自助收银模式的超市，并期待能够学到有用的技术解决自家超市的收银难题。

任务目标

1. 掌握自助收银机的概念和功能。
2. 掌握自助收银的步骤。

任务实施

知识准备

1. 自助收银机的概念

自助收银机是指用于超市、卖场等场合实现自助购物的设备。自助收银机能够让顾客以自助的方式扫描商品、结账付款，免去排队过程，解放收银员与顾客之间一对一的束缚关系，提高收银效率，节省人力成本，增加购物的趣味性。自助收银有别于传统的收款模式，集高度智能化、个性定制化为买单顾客带来深度的、完整的自助消费体验。零售业进入一个新的时代，多渠道支付模式为顾客带来更方便和更好的购物体验；自助购物、自助收款等多产品系列组合为企业提高了效率、降低了成本，为顾客节约了时间、减少了排队的烦恼。自助收银机外观简洁时尚，功能明确清晰，为收银工作开辟了一个新的模式。

2. 自助收银机的功能

自助收银机具有移动支付功能，它采用嵌入条码扫描器，通过条码识别、采集、数据传输功能，对接后台购物系统和移动支付系统。完成商品条码的扫描，顾客打开微信或支付宝的付款码支付，便可结算，整个过程的操作简易快捷，基本不用排长队等候。而对于超市来说，满足顾客的需要就是拓展自己的市场。

自助收银机的其他功能如下。

①自助收银机可吸引顾客，增加顾客到店次数。

从更深的层次上来说，自助收银机的支付功能不但可以优化顾客购物体验，还可以帮助超市与顾客之间建立更加紧密的联系，缓解顾客流失问题，增加顾客到店次数。

②让超市和顾客建立密切联系。

顾客通过自助收银机用微信扫码下单时，会自动关注超市的微信公众号，给超市提供了一个密切接触顾客的渠道。在交易完成后，超市还可以进行定期优惠消息推送、卡券（代金券、优惠券）的定向发放，以及超市信息的持续更新，使顾客对超市有更深入的了解，甚至还可以通过一系列的后续互动及服务与顾客建立起更加紧密的关系，这是自助收银服务带来的独特优势。

③自助收银机具有会员管理体系功能。

在互联网技术的支持下，自助收银机的移动支付可以和会员管理体系打通，顾客通过移动支付进行付款即可直接成为超市会员并纳入超市会员管理体系之中，优化会员管理环节，这才是自助收银机应用移动支付的意义所在。

新零售线上线下融合，自助收银服务便是给线下实体超市的运营管理提供了一种新的思路。具体到收银支付环节，移动支付就是利用新零售线上线下结合的思路去优化零售体验、更好地实现传统零售与互联网零售结合的一个良好实证。

3. 自助收银的步骤

①根据提示，直接点击自助收银机的屏幕开始自助结账，然后会看到“请扫描商品条码”的要求。

②只需要把商品的条码对准扫码口，听到“嘀”的一声就代表扫描成功。

③然后屏幕上面就会显示刚才扫描的那个商品，如果扫描不成功，还可以手动输入条码信息。

④同样的方法，把购物车内的所有商品扫描成功后点击“结算”。

⑤结算之前，系统会再次让顾客确认商品的信息和数量，确认无误后点击“确认结算”。

⑥付款方式有多种，选择屏幕中任意一种付款方式，如支付宝、微信等。

⑦打开对应的支付平台，找到支付码，对准右下角扫描窗口，即可完成支付。

⑧屏幕显示“支付成功”后顾客可以选择立即结束，这样就完成了自助收银。

小组活动安排

每个小组组织人员对超市的商品收银形式进行调查，在采用自助收银模式的超市进行自助收银体验，形成报告并提交，同时组织相关人员进行口头汇报。

（1）了解当地有哪些超市采用了自助收银模式。

（2）选择一家采用自助收银模式的超市，体验一次自助收银的过程，并将操作过程和体会记录下来，分析自助收银模式的优缺点。

（3）各小组将体验报告提交，并安排组员进行汇报。

任务评价

评价分为两部分进行，第一部分为小组任务评分，第二部分为教师评分。

1. 小组任务评分

组长负责评价每个组员在实训过程中的表现，并根据如下标准进行评分，满分40分。

（1）态度：用心完成小组任务并能提出疑问；积极参与小组讨论，并主动阐述个人观点。

（2）协助：能积极帮助组内成员解决问题，与小组成员一起分享资源、观点，分担任务。

（3）沟通：认真聆听其他成员的观点，并与他们进行沟通，然后提出自己的观点。

（4）仪表：语言表达清晰、仪态自然。

（5）展示：愿意代表小组发言，能全面、准确汇报小组共同的学习成果。

评价表如表8－3所示。

表8－3　　小组任务评价表

组别：　　　　　　组长：

小组成员	态度（5分）	协助（10分）	沟通（5分）	仪表（10分）	展示（10分）

2. 教师评分

教师负责根据每组的任务完成情况进行量化评分，总分值为60分。详细评分标准如表8－4所示。

表8－4　教师评价表

组别：

序号	评价标准	分数
1	能在规定时间内，小组合作完成工作任务并顺利展示成果，观点新颖完整，内容逻辑性强	50～60分
2	能在规定时间内，小组合作完成工作任务，能进行成果展示，观点阐述清晰，表达清楚	40～49分
3	能在教师或其他小组的帮助下完成工作任务并进行阐述	0～39分

任务提升

"物美＋多点"解决零售数字化"痛点"

近年来，物美集团通过加强数字化技术、融合线上线下业务，努力提升顾客的消费体验，打造良好购物环境，巩固了自己作为国内大型连锁超市的地位。通过培育多点（DMALL）全渠道零售平台，物美集团打通了线上业务渠道，理顺了线下业务管理思路，逐渐实现了全场景覆盖、全渠道经营、全链条联通，推动了传统实体零售企业数字化转型，并解决了物流效率、货物管理、成本控制等一系列零售业痛点和难题。

零售，就是高科技。物美集团创始人、多点董事长张文中早在20世纪末作出的这一论断正在成为现实。由于超前布局，当电商平台不断抢占传统超市门店市场份额时，物美集团却逆势而上，以"物美＋多点"模式实现了线上线下一体化发展，成为国内领先的科技零售集团。

1. 数字技术解决难题

研究物美集团的发展历史不难发现，用信息化、数字化技术解决零售痛点是物美集团自诞生之日起就认准的一条路。也正因为具备这样敏锐的商业嗅觉，物美集团似乎总能"先行一步"。

张文中是美国斯坦福大学系统工程学院的留美博士后，20世纪90年代回国创立了一家信息技术公司，主营业务从为企业做系统集成项目发展到自主开发一套专为超市设计的MIS系统和POS系统。不过，由于当时门店管理系统在国内外都刚刚起步，缺乏市场认知度，因此业务进展并不顺利。于是他想出一个办法，开家超市展示其自主开发设计的系统的应用场景。

1994 年，第一家物美超市在北京市公主坟翠微大厦后面的一个车间里诞生了。靠着先进的 POS 系统，告别了手工记账的物美超市，第一年单店流水就超过 1 亿元。这样的成绩在当时零售业内堪称奇迹，卖 POS 机四处碰壁的张文中无心插柳地收获了“第一桶金”。

当时，传统的柜台式销售举步维艰。创造了销售奇迹的物美集团托管、兼并、收购了不少经营困难的国有店铺。同时，封闭式柜台渐渐变成开放式货架，物美集团的招牌越来越多地出现在北京街头。

张文中当时就提出零售就是高科技的理念，在那个时代非常超前。物美集团许丽娜举例，物美集团最初选择了第三方物流，在位于北京市朝阳区的南皋村建立了先进的物流系统，实现货物按店铺分拣，并将这种方式沿用至今。

技术不断进步，物美集团也紧跟潮流。2014 年，在做好线下零售的同时，物美集团开始探索数字化转型。2015 年 4 月，张文中与另外两名投资人创办了一家全新企业——全渠道零售平台“多点”，并担任董事长。在物美集团的配合下，多点开始寻找实体零售业的数字化改造方案。

此时，国内零售企业也面临着各种难题。比如，超市卖场想搞促销，员工就得忙活一夜，人力成本、流通损耗居高不下；不少外资超市在短暂兴盛后也遇到了经营困难，甚至退出中国市场。张文中期待“多点”成为传统零售业摆脱困境的“发动机”。

按照多点总裁张峰的说法，多点“聚焦场、连接人、协同货”实现全场景覆盖、全渠道经营、全链条联通，驱动实体零售加快数字化转型。通过多点，物美集团将会员、员工、商品、服务和管理全盘在线化，并通过多点门店和电商平台通用的 App（小程序），将线上线下合二为一，“两条腿走路”让物美集团在电商时代实现了传统零售的逆势成长。

通过并购整合德国麦德龙、英国百安居的中国业务，完成对西南地区最大流通企业重庆商社集团的混改。如今，物美集团已成长为拥有上千家商场，年销售额逾千亿元的头部零售企业。

2. 线上线下互相赋能

提到物美集团近年来持续推进的数字化转型，许丽娜坦言，刚开始很多人不理解，但现在发现，线上线下业务齐头并进并没有让工作量翻番，流程优化了，成本反而降了下来。“物美 + 多点”的模式之所以能成功，是因为这是一个线上线下互相赋能的过程。通过深度合作，物美集团利用自身丰富的商超经验，推动多点系统功能不断优化，多点则用数字化系统帮助物美集团提高管理效率、降低成本。

对于物美集团的数字化转型，刘兆文是众多物美基层店长中感触最深的一个。2018 年年初，刘兆文调任年亏损数百万元的北京物美联想桥店任店长。刘兆文上任没几天，张文中就来到联想桥店里，提出取消散装蔬果，全面标品化的要求。

此前，多点以“店中店”形式进驻物美集团已有多年，并实行“双店长”制，即物美店长负责实体店运营，多点店长负责 App 地推、拣货、自提和配送业务。联想桥店是物美集团和多点业务真正一体化的开始，刘兆文成为店里线上线下业务唯一的负责人。当时大量老年顾客是奔着散装蔬果来的，如果将散装蔬果变为标品肯定会影响业绩。但刘兆文明白，标品是提升配送效率的关键，这件事早晚得干。

标品化实施首月，刘兆文惊讶地发现，虽然客流量下降了，但以前每月亏损 15 万元的蔬果柜台却减亏至 12 万元。标品送达后可以直接上货架，节省了打理散装蔬果的麻烦，清洁工都能少请两个。购买力更强的年轻顾客渐渐多了，线下门店销售量保持稳定，线上平台则贡献了难得的增量。

这一年，从卖场出入口设计、拣货篮开口朝向到“自助购”落地，为了让扫描更快、顾客体验更好，超市里每一项变革都反复推敲。2018 年，曾经在北京地区业绩垫底的联想桥店凭借线上线下的成功探索打了个漂亮的翻身仗。

从此，物美集团线上线下业务全面提速。2018 年年中，物美集团物流的配送时间从 2 小时缩短到 90 分钟。当年多点 OS 系统（多点数字化操作系统）覆盖了物美所有店面。这套系统让店长不用再为各种报表忙碌，事务性工作通过手机就能搞定。不管是长期员工、兼职促销员、小时工，只要在手机上安装这套系统，就可以利用电子价签查询进销存、商品售价、价签绑定等信息。通过这套系统，搞线下的“秒杀”活动时，门店很快就能实现价格更新。

数字化不仅让工作条理清晰，也倒逼门店加速推进新技术应用。实施标品化经营、提供自助购服务、应用电子价签之后，联想桥店员工人数从 150 多人降到 90 多人。2019 年，物美全部门店到家订单增加 49%，库存周转期降至 21 天。

作为开放性平台，多点的成长速度更快。截至 2021 年 6 月，多点已与 120 个零售企业达成合作，覆盖多个国家和地区 1.5 万家门店。

3. 优化管理创新服务

在线上业务加速发展的同时，物美集团线下门店也走进居民日常生活。疫情期间，北京 800 多家物美超市门店正常营业，做到大米、面粉、蔬菜等生活必需品不断货、不涨价，在保价格、保质量、保供应、保安全的同时，还创新服务方式，设立社区提货站，实行无接触配送。

无论是自助购、智能购物车，还是保价保供、进口冷链产品“一码溯源”，物美集团用数字技术为顾客提供更安心、更舒心的购物环境。物美集团一直走在不断迭代的路上，未来也会如此。

当前，物美集团又提出新的应用方向。比如，用多点 App 实现老年卡、养老助残卡支付；加入竞争激烈的拼团业务；线上业务从注重 App 下载量转移到注重 App 复购率；此外，还与麦德龙合作推出针对公司的团膳业务。

对实体店的未来，有以下三点判断：第一，从用户需求和供应链角度看，实体店有存在的必要性；第二，实体店必须进行彻底的数字化转型，提升管理效能，满足市场需求；第三，实体店能提供堂食、理发、洗衣修鞋等服务，提供线上平台不具备的消费场景。沿着这个思路，2020 年 11 月 29 日，物美集团又将“狗不理”品牌全面引入物美实体店终端和多点线上平台，并在实体店开设狗不理联营现制专卖店，将餐饮老字号的消费场景在线上与线下业务中相融合。

如今，千店千面的物美集团正通过全面数字化回归商业本质，不断充实、完善自身服务能力，为顾客提供更好的商品和服务，也在零售业激烈的市场竞争中站稳脚跟。

参考文献

[1] 崔利群，谢群英．现代超市物流与配送［M］．北京：经济管理出版社，2006.

[2] 董永春．新零售：线上 + 线下 + 物流［M］．北京：清华大学出版社，2018.

[3] 姜登武．连锁超市经营管理［M］．北京：科学出版社，2005.

[4] 陈宏威．连锁经营管理实务［M］．2 版．北京：清华大学出版社，2015.

[5] 杭忠东．超市经营与管理［M］．北京：中国商业出版社，2006.

[6] 华蕊，李楠．商场超市卖场服务与管理［M］．北京：化学工业出版社，2008.